7번 읽기 공부 실천법

7번 읽기 공부 실천법

야마구치 마유 지음 | 이아랑 옮김

한국경제신문

단번에 남다른 결과를 내는 '7번 읽기' 비결

나는 한때 세 개의 크나큰 시험을 연달아 통과하여 '시험 3관왕'이라는 별명을 얻었다. 도쿄대학교 법학부 합격, 사법 고시 합격, 국가공무원 제1종 시험 합격이 그것이다. 더욱이 몇 번씩 재도전하여 힘겹게 이뤄낸 것이 아니라 모두 한 번의 응시로 성공했기에 그런 별명이 붙은 듯하다.

　그중에서 내게 가장 힘겨웠던 시험은 첫 번째 관문이던 도쿄대 입학 시험이었다. 그러나 일단 그 관문을 통과하고 나서는 큰 어려움 없이 달려왔다. 대학에서는 4년 동안 162학점을 이수했고 전 과목에서 성적 '우'를 받았다. 교양 과목은 모두 거의 만점이었으며, 특히 3학년 때는 사법 고시에 응시하여 단번에 붙었다. 졸업할 때는 법학부 수석으로서 총장상을 받았다. 대학을 졸업한 뒤에는 어려서부터 동경하던 재무성에 입사하여 주세국에서 근무했으며, 현재는 변호사로 일하고 있다.

　이런 내 경력을 알게 되면 사람들은 부러움을 가득 담은 목소리로 이렇게 외친다. "우와, 정말 천재시군요!" 하지만 그런 반응을 대할 때마다 어색함과 불편함을 느낀다. 나는 결코 천재가 아니기 때문이다. 딱히 내세울 것 하나도 없는 평범한 부류에 속한다. 처음에는 누군가 나한테 '천재'라고 이야기하면 그게 아니라면서 극구 설명을 하기도 했다. 그런데 그런 얘기를 하도 자주 듣는 데다, 때로는 내 설명이 오히려 반감을 일으키는 듯해서 지금은 그냥 웃어 넘기고 만다. 속으로만 '나야말로 정말 평범한 사람인데…' 하고 생각할 뿐이다.

이런 내가 어떻게 사람들이 그토록 놀라는 성과를 이뤘을까? 도쿄대 입시, 사법 고시, 국가공무원 시험에 모두 합격한 사람은 드물고, 더욱이 세 번의 시험을 단번에 통과한 사람은 더 드문데 말이다.

그건 바로, 교과서를 철저히 7번씩 읽은 덕분이다.

이 '7번 읽기 공부법'만으로 그간 어려운 시험들을 이겨왔다고 해도 과언이 아니다. 이 방법은 다른 누군가에게 배운 것이 아니라 내가 중학생 시절부터 시간을 들여 확립한 것이다. 수많은 시행착오를 거쳤고, 그 과정에서 좌절도 하고 희열도 맛봤다. 그리고 마침내 어떤 시험에서든 틀림없이 먹힌다는 점을 직접 확인했으니 자신 있게 말할 수 있다.

도쿄대에 다닐 때도, 재무성에서 근무하던 시절에도, 변호사가 되고 나서도 사람들과 친해지기 시작할 때면 꼭 거치는 단계가 있다. 동급생이나 동료, 상사들은 늘 내가 어떻게 그처럼 일사천리로 달려왔는지를 궁금해했고, 그때마다 나는 '7번 읽기'를 했다고 답하곤 했다. 그러면 상대는 하나같이 "정말 대단한데? 어떻게 그럴 수 있어?"라며 놀란다. 언젠가는 그렇게 놀라는 상대방의 반응이 더 놀라워서 이렇게 되물은 적도 있다.

"그러면 7번씩 읽지 않고
교과서를 머릿속에 어떻게 담아?"

많은 이들의 이야기를 들어봤는데 교과서를 7번이나 읽은 사람
은 아무도 없었다. 많아 봐야 2번 정도가 고작이었고, 심지어는 아
예 읽지 않았다는 사람도 꽤 있었다.

내 주변 사람들은 대개 나와 비슷한 학력이나 직업을 가진 이들
이다. 그런데 그들은 머리가 무척 좋았던 모양이다. 나처럼 7번이
나 읽지 않고 한두 번 읽고서도, 아니 아예 읽지 않고도 공부를 그
렇게 잘했으니 말이다. 나는 그런 이들이야말로 천재가 아닐까 생
각한다. '교과서를 읽지 않고도 도쿄대에 합격하고 고시에 통과할
정도니, 분명 보통 사람들과 뇌 구조가 다를 거야!'

그런데 '진짜 천재'는 그들보다 훨씬 수준이 높은 사람일지도
모른다. 선천적으로 타고나서 달리 노력할 필요가 없어 보이는 사

람이 간혹 있잖은가. 영화 같은 데서 보듯이 누군가는 머리를 끙끙 싸매며 푸는 문제를 한 번 힐끗 보고 곧바로 답을 내놓는 사람들 말이다. 하지만 나는 아직까지 현실에서 그런 사람을 만나본 적이 없다.

천재는 그리 흔치 않다. 이것은 내가 소위 '명문대 출신', '엘리트'라고 불리는 사람들에게 둘러싸여 살아오면서 피부로 느낀 점이다. 있다고 해도 고작해야 '준재'이거나, 그렇지 않으면 우직하게 노력을 계속해온 '범재'인 경우가 많다. 사람들을 머리가 좋은 순서대로(순전히 IQ를 이야기하는 것일 뿐, 그 사람이 좋고 나쁘고와는 상관이 없다) '천재, 준재, 범재, 둔재'라고 줄을 세운다고 할 때 양 끝이 아니라 중간을 차지하는 사람들 말이다. 나 또한 노력하는 범재일 뿐이다.

다만, 나는 준재들과 어깨를 나란히 할 만큼

성장할 수 있는 기술을 익힌
범재라는 점이 다를 뿐이다.
그 기술이 바로 7번 읽기 공부법이다.

때때로 어떤 이들은 내게 묻는다. "왜 교과서를 7번이나 읽는 거야?" 내 대답은 지극히 간단하고도 분명하다. 나는 7번을 읽어야 비로소 책 내용이 머릿속에 자리를 잡기 때문이다. 이는 내가 천재가 아니라는 사실을 다시 한 번 보여주는 것일뿐더러, 이런 나도 성공했으니 누구나 이뤄낼 수 있다는 증거이기도 하다.

나는 교과서든 법률서든 7번을 읽지 않으면 주변 사람만큼 이해할 수 없는 머리를 가졌고, 내가 그렇다는 사실을 잘 알고 있다. 그래서 이 공부법을 확립했으며 중학교부터 고등학교, 대학교, 국가공무원을 거쳐 변호사로 일하는 현재에 이르기까지 게으름 피우지 않고 계속해왔다.

교과서 7번 읽기 공부법에 관해서는 지금까지 여러 저서에서 다뤘다. 하지만 그 방법을 독자들이 실제 적용할 수 있을 만큼 구체적으로 제시하지는 못했다. 나는 미처 생각하지 못했는데 수많은 독자가 방법을 문의해 와서 그 점이 미흡했다는 걸 알게 됐다. 그분들에 대한 감사의 마음과 내 전작들에 대한 반성으로, 부족했던 내용을 보완해 이 책을 기획했다. 이 책을 나는 7번 읽기 공부법의 '완결판'으로 여기고 있다. 학생이든 사회인이든, 모든 독자가 쉽게 따라 할 수 있도록 여기에 구체적인 실천 방법을 제시하고자 한다.

　나라고 해서 7번 읽기가 만만한 작업이었던 건 아니다. 습관이 들어 조금 나아지긴 했지만 지금도 여전히 힘에 부친다. 하지만 그렇게 노력해야만 내 주위의 천재에 가까운 사람들과 같은 무대에 설 수 있기에, 힘들어도 계속할 따름이다. 혹시 이 책을 읽고 실천해보다가 너무 힘들어서 그만두고 싶어질 때면, 스스로에게 이렇게 말해주며 힘을 내기 바란다. "나만 이러는 게 아니야. '3관왕' 조차도 이를 악물고 했다잖아."

　준재들과 경쟁해온 노력하는 범재로서, 그간 내가 다듬어온 공부 기술을 낱낱이 공개하고자 한다. 문과 과목인 국사와 이과 과목인 수학을 예로 들어 최대한 구체적으로 소개하겠다. 나와 같은 보통 사람들이 이 책에서 소개한 실천 방법을 활용하여 예상외의 성과를 올렸다는 소식이 끊이지 않고 들려오기를 기대한다.

공부는
머리가 아니라
기술이다

제1장

목표를 구체화하라

—

나는 초등학교 6학년 때 국가공무원이 되겠다는 꿈을 품었다. 우연히 본 〈관료들의 여름〉이라는 NHK 드라마가 그 계기였다. 원작은 시로야마 사부로의 소설로 일본이 고도 성장을 구가하던 시기에 통상산업성(현 경제산업성) 관료, 즉 국가공무원들이 활약하는 모습을 그린 드라마다. 일본이 아직은 개발도상국이던 그때, 통상산업성 사람들은 국제통상파와 국내산업 보호파로 나뉘어 대립한다. 하지만 그 대립은 자신이나 자기 조직의 이익을 위한 것이 아니라 어떻게 하면 나라를 더 잘살게 할 수 있을까에 대해서였고, 그 대의를 향해 서로가 최선을 다하는 과정에서 나타나는 것이었다.

초등학교 6학년이던 내게 신념과 각오를 품은 그들의 모습은 마치 의로운 현대판 무사처럼 보였다. 남들은 어떻게 봤는지 모르지만 나는 그렇게 느꼈고, 바로 그 이유로 국가공무원이라는 직업을 동경하기 시작했다. 부모님 말씀에 따르면 그들 대부분이 도쿄대 법학부 출신이라고 했다. 그 말씀을 듣고 '그렇다면 나도 도쿄대 법학과에 가야겠군' 하는 생각이 스쳤다. '도쿄대에 합격하려면 공부를 더 열심히 해야겠는걸.'

초등학생 시절에는 주변을 보면 '운동을 잘하는 아이'나 '그림을 잘 그리는 아이'처럼 캐릭터가 자연스럽게 형성된 친구들이 있었다. 내 캐릭터는 '공부를 잘하는 아이'였다. 공부를 엄청나게 잘해서라기보다는 운동 잘하는 아이도 아니었고, 그림 잘 그리는 아이도 아니었기에 그냥 그쪽에 포함됐던 듯싶다. 아이들은 캐릭터별로 나누길 좋아하고, 또 어른들보단 마음도 좀 후하지 않은가.

당시 공부 머리로만 따져본다면 내게 도쿄대 법학과는 '언감생심'에 가까웠다. 그럼에도 나는 주저 없이 그 꿈을 품었는데, 그것역시 초등학생다운 단순함 덕이었으리라.

내 부모님은 두 분 모두 의사다. 어린아이에게 부모님은 가장 가까운 존재인 법이다. 국가공무원이 되겠다고 결심하기 전까지 나는 막연하게 '의사가 되어야지'라고 생각했다. 그러나 나는 해부가 너무 무서웠다. 6학년이 되고 얼마 안 되어 해부 수업이 있었는데, 그 후로는 의사라는 직업을 다시 생각해보게 되었다. 그러던 차에 그 드라마를 접하고 대번에 꽂히고 만 것이다.

국가공무원이 되고 싶다는 생각이 머릿속을 떠나지 않던 초등학교 6학년의 어느 날, 나는 한 신문기사를 발견했다. '올해 재무성(한국의 기획경제부에 해당하는 기관—옮긴이)에 입사한 21인'이라는 제목의 기사였다. 재무성 입사자 수는 해마다 다소 차이가 있지만 그해에는 21명이었다. 그 기사를 읽고 나는 꿈을 좀더 구체화했으며, 의욕에 불타올라 이렇게 외쳤다.

"21인 중 1인이 되고 말 테다!"

나는 '21'이라는 숫자를 종이에 적어 책상 앞에 붙여두었다. 막연히 국가공무원이 되겠다고 하던 생각에서 '재무성'이라는 하나의 기관으로 목표를 더욱 구체화한 셈이다. 물론 어린 나이에도 그 21명 안에 들기가 무척 어렵다는 사실은 알고 있었다. 나는 주먹을 불끈 쥐었다. "재무성 입사자 21명 안에 들려면 '진짜로' 도쿄대에 가야 해!"

사실 재무성 사람들 중에는 도쿄대 출신이 아닌 이들도 있긴 하지만, 그래도 대다수가 도쿄대 출신이다. 다수에 속해야 가능성이 더 높을 테니 도쿄대에 들어가는 게 제일 좋은 방법으로 보였다. 초등학교 6학년이 용케 거꾸로 계산해서 도쿄대에 가겠다는 목표를 세운 것이다.

도쿄대 문과 1류의 입학생 수가 500명 정도라는 사실을 알게 된 것도 그때였다. 도쿄대는 문과와 이과로 나뉘고, 각각이 3개 계열로 다시 나뉘어 있었다. 전체 정원이 3,000명이니 각 계열 정원은 500명이 된다. 법학부가 문과 1류였으며 도쿄대를 대표하는 학부이기도 하다.

나는 "도쿄대 법학부에 입학하려면 500명 안에 들어야 하고, 재무성에 입사하려면 21명 안에 들어야 하는구나"라고 혼자 되뇌어보았다. 그때까지 내가 세워본 목표라고 해봐야 '이번 시험에선 꼭 100점을 맞아야지' 하는 것 정도였다. 먼 미래를 염두에 두고 목표를 생각해본 것은 이때가 처음이었다. 하지만 여전히 그것은 반드시 이뤄야겠다고 다짐한 목표라기보다 막연한 꿈에 가까웠다.

야구선수 스즈키 이치로는 "실현할 수 있고 과도하지 않은 목표를 설정하라"고 말했다. 그런 원칙이 있었기에 일본인으로서 미국으로 건너가 메이저리그에서 뛸 수 있었을 것이다. 그의 말은 현실감이 없는 과도한 목표를 설정하면 노력을 덜 하게 된다는 의미다. 마음 한구석에 '어차피 안 될 텐데, 뭐' 하는 생각이 자리하기 때문이다. 당시 내가 딱 그 상태였다.

나의 원동력은 열등감과 두려움

—

'도쿄대에 들어가 국가공무원이 되겠다'라는 꿈을 실현하기 위해 더욱 열심히 공부해야겠다고 마음먹었지만, 한편으로는 두려움이 있었다. 그 두려움은 어려서부터 줄곧 느껴온 존재 가치에 관한 것이기도 했다.

초등학생 때는 '공부를 잘하는 아이'라는 캐릭터가 나의 존재 가치라고 믿었다. 그래서 매번 시험을 치를 때마다 '이번에 성적이 떨어지면 어쩌지?' 하는 두려움을 느끼곤 했다. 캐릭터를 유지하는 것이 생명줄이라는 생각에 사로잡혀 있었고, 성적이 떨어지면 아무도 나를 상대해주지 않을 거라 생각했다. 그래서 죽기 살기로 공부했다. 지금 돌아보면 어리석기 짝이 없는 발상이지만, 당시에는 진심으로 그렇게 생각했다.

어느덧 해가 바뀌어, 고향인 삿포로 시에 있는 공립 중학교에 다니게 되었다. 그 중학교에서는 시험 등수를 복도에 붙인다고 들었다. 끔찍하게도, 서열이 만천하에 드러나는 것이다!

가뜩이나 '공부 잘하는 아이'라는 캐릭터에 목매던 나는 중학교에 입학하고 나서는 압박감에 더 짓눌렀다. 원래 겁이 많은 성격인 데다 존재 가치를 잃을지도 모른다는 데 지나친 두려움을 느낀 것이다.

그래서 초등학교 때와는 비교도 할 수 없을 만큼 더더욱 죽기 살기로 공부했다. 다시 말해 당시 나의 가장 큰 원동력은 두려움 이었다. '공부 잘하는 아이'라는 존재 가치를 잃게 되고, 친구들 은 하나둘 떠나고, 혼자 도시락을 먹어야 하고…. 사춘기 초입의 상상력은 끝도 없이 이어졌다.

나름대로 열심히 공부한 결과, 중학생이 되고 처음 치른 시험에 서 전교 2등을 했다. 좋은 성적으로 나의 존재 가치를 지켜냈다는 안도감에 가슴을 쓸어내렸다. 한숨 돌리고 나니 1등은 누구일까가 궁금해졌다. 나랑 같은 초등학교 출신으로 6학년 때 같은 반이었 던 아이였다. 그걸 알고 나니 퍼뜩 이런 생각이 들었다.

'저 친구라면 따라잡지 못할 것도 없지.
조금만 더 노력하면 나도 1등을 할 수 있겠는데…?'

그다음 시험에서 더욱 열심히 공부한 결과, 마침내 전교 1등을 차지했다. 1등이 되었으니 이제 내 맘이 편해졌을까? 천만에, 절 대 그렇지가 않았다!

이번에는 '다음 시험에서 성적이 떨어지면 어쩌지?' 하는 걱정 이 이어졌다. 대범하지 못한 내 성격이 좀 짜증스럽기도 하지만, 그렇게 타고난 걸 어쩌겠는가. 그 덕에 학교 최고의 성적에 자만

하지 않고 항상 온 힘을 다해 공부할 수 있었다.

걱정하고 조바심하는 성격 덕에 성적이 떨어지는 일 없이 꾸준히 잘 나왔다. 만족스러운 결과를 얻고 나서는 '이번엔 좀 더 올릴 수 있지 않을까?' 하는 생각이 들었고, '그렇다면 좀 더 높은 목표에 도전해보자' 하는 식으로 나 자신과 경쟁했다. 그렇게 선순환을 반복하면서 점차 높은 목표를 세우게 되었다.

현실적인 도전을 선택하라

———

지금 돌이켜보면 중학교 시절의 공부법은 무척 어설펐다. 하기야 초등학교를 갓 지나온 터라 공부법이란 게 따로 있을 리 만무하지만 말이다. 아직 7번 읽기 공부법도 확립하지 못했고 그저 막연하게 시험에 대비하여 공부하는 수준이었다. 전교 1등이라는 성적도 어디까지나 상대적인 결과였다. 지방의 공립 중학교였으니 대도시의 명문 학교들처럼 공부를 엄청나게 잘하는 학생들이 모여 있지 않았던 것이다.

그러다가 중학교 3학년 때 커다란 전환기가 찾아왔다. 나는 사회인이 된 지금까지도 평생 '학원'이라는 곳을 다녀본 적이 없다. 하지만 내 실력을 가늠해보고 싶어서 전국 모의고사에는 응시해

봤다. 처음 응시한 게 중학교 3학년 때의 일이다. 단순히 내 실력이 어느 정도인지를 보려는 것이었는데, 놀랍게도 '전국 1등'이라는 결과가 나왔다. 참고로 그 이후로는 한 번도 그런 성적을 받은적이 없다. 그 시험에서는 내 실력보다 운이 따라줘서 놀라운 결과가 나온 것 같다.

나는 중학교를 졸업하면 역시 같은 시에 있는 삿포로미나미고등학교에 진학할 생각이었다. 비록 지방 고등학교이긴 하지만 홋카이도에서는 손꼽히는 공립 인문계 고등학교였다. 내 머릿속에그려진 프로세스는 이랬다. '삿포로미나미고등학교를 졸업하고,도쿄대 법학부에 들어간 후, 재무성에 입사한다.'

그런데 전국 모의고사에서 최고 성적을 거두고 난 뒤, 생판 모르는 한 학원 선생님의 전화를 받았다. 그 선생님은 몇 가지 이야기 끝에 이렇게 물었다.

"도쿄에 있는 인문계 고등학교에 진학할 생각 없니?"

홋카이도를 떠나 다른 곳의 고등학교, 그것도 도쿄의 고등학교로 가다니 상상도 해본 적이 없는 선택지였다. 당시 내 주변 친구들은 대부분 고등학교까지는 고향을 떠나지 않고 진학했기 때문이다. 고향이나 부모님 집을 떠나는 건 대개 대학교에 진학하면서

다. 뜻밖의 제안을 받은 나는 그저 어안이 벙벙하기만 했다. 그리고 걱정도 됐다. '도쿄의 인문계 고등학교에 다니는 학생들은 초등학생이나 중학생 때부터 입시 학원에 다니며 치열하게 공부했을 게 분명하다. 그런 학생들 틈에서 내가 제대로 할 수 있을까?'

그러나 몇 번이고 생각을 거듭하는 사이에 점차 그 학원 선생님의 제안에 현실감을 느끼고 마음이 기울기 시작했다. '나의 꿈은 국가공무원이 되는 것이다. 그 꿈을 이루려면 도쿄대 법학부에 들어가야 한다. 그러려면 도쿄대 입학생을 많이 배출한 도쿄의 인문계 고등학교에 들어가는 것이 합리적이다.'

도쿄의 고등학교에 진학한다는 것은 내게 커다란 도전이었다. 삿포로에서 태어나고 자란 여자 중학생이 홀로 도쿄로 간다는 것 자체가 엄청난 용기를 필요로 하는 일이다. 물론 삿포로라고 해도 완전히 시골 동네는 아니었지만, 그래도 수도 도쿄에 비하겠는가. '도쿄의 유명 고등학교 아이들은 굉장히 공부를 잘할 것이다'라는 미지의 두려움도 여전히 머릿속을 떠나지 않았다.

결론부터 말하자면, 나는 도쿄로 가기로 마음먹었다. 그리고 쓰쿠바대학 부속고등학교에 무사히 합격했다. 그 순간부터 '나는 남들보다 더 노력해야 해, 안 그러면 평균도 안 될 거야'라는 두려움이 더욱 강해졌다.

환경의 압박감을 이용하라

삿포로에서 도쿄로 상경할 수 있었던 데는 한 가지 커다란 이유가
있었다. 요코하마에 할머니 댁이 있었고, 내가 거기서 지내도록
허락을 받았기 때문이다. 부모님께서는 내가 도쿄로 가는 건 좋지
만 혼자 생활하기에는 너무 어리다고 생각하셔서 그렇게 조치를
취해주셨다. 요코하마와 도쿄는 전철로 연결되어 있고, 집에서 학
교까지 편도로 1시간 정도였기 때문에 통학 여건이 지금까지와 크
게 달라지는 것도 아니었다. 나는 그처럼 간단하게만 생각하고,
도쿄 생활을 전혀 구체적으로 상상해보지 않았다. 지금 생각하면
그 무모함 덕에 도쿄로 상경하겠다는 결단이 가능했던 것 같기도
하다.

고등학교 입학 시험에서는 성적이 어떻게 나왔는지 모른다. 다
만 입학식에서 수석 입학생이 대표로 인사를 했기에 적어도 내가
수석이 아니라는 것만은 확실히 알았다. 입학식 때 나는 주변을
둘러보았다. 다들 나보다 똑똑해 보여 왠지 주눅이 들기도 했다.
그러면서 다시 한 번 '남들보다 더 노력하지 않으면 평균에도 못
미칠 거야'라는 생각을 했다.

그 고등학교에서는 실제로 해마다 수많은 도쿄대 입학생을 배
출한다. 그러니 틀림없이 삿포로의 중학교 시절보다 '공부 잘하는

아이들'이 훨씬 많이 모여 있을 터였다. 지금까지의 두려움과는 차원이 달랐다. 하지만 내게는 그런 환경이 잘 맞았다. '나보다 공부를 잘하는 아이들이 많다'는 환경이 압박감을 주긴 했지만, 내게는 더할 나위 없는 환경이었다.

두려움이 나의 원동력이었기 때문이다.

시간이 흘러 1학기의 첫 번째 시험을 맞이했다. 그런데 쓰쿠바대학 부속고등학교에서는 시험 성적을 절대평가로 매겼다. 즉 성적표에 등수가 표시되지 않는다는 뜻이다. 다른 학생과 성적을 비교하는 게 아니라 '내일의 나와 싸운다'는 방침이었다. 처음에는 내 성적이 어느 정도 위치에 있는지를 종잡을 수 없어서 막막함을 느꼈다. 경쟁 상대를 정확히 찾아낼 수 없었으니 말이다. 그렇지만 점차 '나와 싸우는' 방식에 적응해갔고, 두려움을 극복할 유일한 수단으로 공부에 몰두했다.

쓰쿠바대학 부속고등학교는 국립 고등학교라서 성적이 우수한 학생이 많았다. 그리고 그들 사이엔 당연히 도쿄대를 준비한다는 분위기가 조성되어 있었다. 나도 그 분위기에 합류하면서 주변의 동급생들만큼 공부하면 자연스레 도쿄대에 갈 수 있으리라는 느낌이 들었다. 내게는 무척 다행스러운 환경이었다.

지방의 고등학교에서도 재수를 거치지 않고 도쿄대에 합격하는 학생도 간혹 있다. 그런 학생은 정말 대단하다고 생각한다. 도쿄대를 목표로 공부하는 환경이 조성되어 있는 유명 인문계 고등학교와 달리, 거의 자기 힘만으로 합격을 거머쥐기 때문이다. 그런 이들이야말로 천재에 가까운 부류일 것이다.

그래도 나는 고등학교 1~2학년까지는 학교 시험에만 충실했다. 도쿄대 입학이라는 목표를 잊은 적은 없지만 입시공부의 정석으로 알려진 교재를 산 적도 없다. 당시는 '아카혼'이라는 별칭으로 불리는 빨간 표지의 교재가 무척 유행이었는데, 대학별 본고사의 기출문제와 모범답안, 전략 등이 담겨 있었다. 대부분이 그 책을 한두 권은 가지고 있었고 기출문제도 열심히 풀곤 했다. 하지만 나는 여전히 교과 과정에만 집중했다.

내가 도쿄대 입시를 준비하기 시작한 것은 3학년 때부터였다. 도쿄대 법학부에 들어가는 것이 목표이기는 해도 고등학교 3년 내내 그 긴장감을 유지하기는 어렵다. 도리어 나중엔 진이 빠져서 '될 대로 되라' 하는 심정이 되는 아이들도 있다. 그래서 나는 고등학교 3학년 이전까지는 학교 수업과 과제에만 철저히 집중했다.

게다가 나는 거의 100퍼센트 교과서로 공부했고, 입시 학원도 전혀 다니지 않았다.

경쟁이 치열할수록 목표 달성은 쉬워진다

—

나는 새로운 환경에 처할 때마다 항상 '저들은 나보다 똑똑할 거야'라는 두려움을 품었다. 삿포로에서 도쿄로 상경해 고등학교에 입학했을 때도, 도쿄대에 진학했을 때도, 재무성에 입사했을 때도 그리고 변호사로 첫발을 내디뎠을 때도 마찬가지다. 그럴 때면 늘 '남들만큼 하려면 남들보다 훨씬 노력해야 한다'는 다짐을 빼먹지 않았다.

나는 지금껏 '더 수준이 높은 그룹에 들어가야지' 하는 야심을 품은 적은 없다. 그보다는, '노력하지 않으면 뒤처지고 만다'는 두려움을 극복하기 위해 꾸준히 노력했을 뿐이라는 게 더 솔직한 고백이다.

흔히 '환경이 사람을 바꾼다'고 말하는데, 나만 봐도 정말 그런 것 같다. 고등학교 이후 나는 계속해서 경쟁적인 환경에 속해 있었다. 그때마다 나는 비슷한 방식으로 헤쳐나온 듯하다. '새로운 환경에 처음 노출될 때는 두려움을 느끼고, 열심히 노력하면서 점차 적응하고, 마침내 남다른 성과를 거두는' 식으로 말이다.

나는 치열한 경쟁 환경에 몸을 맡기면서
항상 노력을 게을리하지 않았다.

이는 스포츠의 세계에서도 마찬가지일 것이다. 축구에 재능이 있는 초등학생이 축구로 유명한 중학교나 유명한 주니어클럽 팀에 들어갔다고 하자. 실력이 뛰어난 아이들이 모인 치열한 경쟁 환경에 놓인 그 아이는 다른 아이들에게 지지 않으려고 열심히 노력할 것이다. 그러면 그 일이 주변에도 좋은 영향을 미칠 것이다. 덕분에 그 아이와 주변 아이들의 실력이 모두 좋아질 것이다.

이에 비해 때로는, 축구로는 유명하지 않은 학교에 다니지만 프로 리그에서 뛸 정도의 아이가 있을 수도 있다. 그런 인재야말로 천재에 가까운 수준일 것이다. 도쿄대에도 재무성에도 그런 사람은 있었다. 앞서 말한, 지방 고등학교에서 혼자 힘으로 도쿄대에 단번에 합격하는 수재들이 그런 것처럼 말이다.

거듭 이야기하지만 나는 그렇지 않다. 운동에 소질이 없고 음악에도 재능이 없는 내가 유일하게 존재 가치를 드러낼 방법은 '공부를 잘하는 것' 뿐이었다. 그래서 그 존재 가치를 사수하기 위해 공부에 매진해왔다.

그러니 한 번 만난 적도 없는 학원 선생님이 도쿄의 고등학교라는 선택지를 내게 일깨워준 것은 둘도 없는 행운이었다. 그야말로 내 인생의 분기점이었다고 생각한다. 더욱 치열한 경쟁 환경이라는 선택지를 고를 수 있었으니 말이다.

덕분에 초등학교 때부터 꿈꿔왔던 국가공무원이 되는 길에 더 가까워졌다. 그 중간 단계인 도쿄대 법학부 진학이 막연한 목표가 아니라 내가 현실에서 추구하는 목표가 되었기 때문이다. 학원 선생님의 제안으로 접한 치열한 경쟁 환경이 나의 잠재능력을 키워준 셈이다.

혼자서 기를 쓰고 노력하는 것보다
치열한 경쟁 환경에 몸을 맡기는 것이
목표를 달성하기에 더 쉬운 방법이다.

목표는
1등이 아니라
'상위 30퍼센트'

제2장

목표 달성을 위해 꼭 의식해야 하는 것

—

도쿄대 입시를 준비할 때 내게 큰 힘이 되었던 생각 하나는 '1등을 하지 않아도 된다'는 것이었다. 아빠한테 들은 이 말은 내게 강한 충격을 주었고 커다란 발상의 전환을 가져다주었다.

아빠가 대학 입시를 보던 시대에는 불합격자도 자신의 시험 성적을 문의할 수 있었다고 한다. 아빠 친구 중 한 분이 지망 대학에 떨어져 성적을 문의해봤더니 1점이 모자랐다고 했다는 것이다. 아빠는 그 얘기를 들려주시며 이렇게 덧붙이셨다. "대학 입시에서 1등을 할 필요는 없단다. 1등으로 합격하나 꼴등으로 합격하나 마찬가지야. 그렇지만 꼴등으로 합격한 사람과 1점이 모자라 불합격한 친구는 그야말로 천지차이겠지. 대학 입시에서 중요한 건 합격자의 범주 안에 드는 거란다."

내가 입시를 치를 당시, 내가 지망하는 도쿄대 법학부의 정원은 500명이었다. 이는 곧 내가 500명 안에만 들면 된다는 얘기였다.

'1등을 할 필요는 없다.
500명 안에 들기만 하면 된다.'

너무도 당연한 얘기 아닌가? 그런데 나는 한 번도 그렇게 생각해본 적이 없었다. 새로이 깨닫게 된 그 사실은 내게 도쿄대 합격이라는 목표의 구체적 의미를 일깨워주었다. 만약 '1등을 한다'가 목표라면 전 과목 만점을 받으면야 이론의 여지가 없이 달성될 것이다. 하지만 만점이 아닌 이상 자신의 노력만으로는 어떻게 해볼 수 없는 불확실성을 안고 있다. 다른 사람의 점수가 몇 점인가에 따라 성패가 갈리기 때문이다. 정말 안 좋은 점수를 기록했지만 남들이 더 안 좋다면 1등을 할 수도 있고, 나로서는 최고의 점수를 기록했지만 나보다 더 좋은 점수를 낸 사람이 있다면 등수가 밀릴 수 있다는 얘기다. 즉 '1등을 한다'는 목표는 아무리 노력해도 나보다 높은 점수를 받은 사람이 있다면 달성할 수 없다.

그래서 나는 '아무리 컨디션이 나빠도 500등 안에 들 수 있는 실력을 갖춰두자'라고 목표를 더욱 구체화했다. 당시 도쿄대 법학부에 응시하는 수험생은 총 1,500명 정도였다. 그 가운데 합격자는 500명 남짓이다. 그래서 내 목표는 이렇게 정해졌다.

'상위 30퍼센트 안에 드는 것'

'최악의 등수'를 가정하라

—

내가 최소 조건으로 설정한 목표는 단순히 상위 30퍼센트 안에 드는 것이 아니라 '아무리 시험을 망치더라도' 그 안에 드는 것이었다.

실제로 나는 시험을 치를 때 영어 문제 지문에서 한 줄을 건너뛰고 읽는 바람에 엄청난 실수를 했다. 그 지문과 관련된 문제를 통째로 틀리고 만 것이다. 그 사실을 깨달은 것은 시험을 마치고 돌아오는 길, 전철에서 옆 수험생들의 대화를 듣고서였다. '앗, 실수했구나!' 하는 생각이 들면서 순간적으로 아찔해졌다. 하지만 그런 실수를 했음에도 무난히 합격할 수 있다는 자신감이 있었다.

어느 정도 실수할 가능성을 미리 계산에 넣고,
실수를 하더라도 500등 안에 들 정도의
실력을 길러두었기 때문이다.

목표가 단순히 '500등 안에 들겠다'일 경우에는 실전에서 조금만 실수해도 달성하지 못할 가능성이 있다. 도쿄대 입학시험은 단답식이 아니라 논술식이다. 논술식 시험은 부분 점수를 받을 수 있다는 점이 특징이다. 지식을 총동원해서 '어떻게든 부분 점수라도 딴다'는 각오가 있어야 합격의 기쁨을 맛볼 수 있다. '다른 과목에서 큰 실수를 저지를지도 모른다'라는 점을 염두에 두고 '이 과목에서는 최소한 이 정도 부분점수는 벌어두자'라고 생각하며 악착같이 임해야 한다. 그렇게 차근차근 점수를 모아가야 500등 안에 들 가능성이 높아진다.

500등이라는 기준은 어디까지나 가정할 수 있는 '최악의 등수' 다. '아무리 시험 성적이 나쁘더라도' 500등 안에는 드는 것이 내가 설정한 도쿄대 입시의 최소 조건이었다.

목표는 현실에 가깝게 세워라

대학 입시 말고도 세상에는 수많은 시험이 있다. 그런 시험은 크게 두 가지로 나뉜다. 바로 절대평가와 상대평가다.

절대평가 시험의 예로는 운전면허시험이 있다. 합격 기준만 넘기면 인원수에 상관없이 모두 합격하는 시험이다. 이때는 단순히 합격 점수를 넘기는 것이 목표가 된다.

한편 상대평가 시험에는 대학 입시나 사법 고시 등이 있다. 합격자 수가 정해져 있는 시험이다. '도쿄대 법학부 입시라면 500명', '변호사 시험이라면 1,500명' 하는 식으로 합격자 수가 정해져 있다. 이때는 '전체 수험생 가운데 나는 상대적으로 어느 위치에 있는가'를 냉정하게 분석해야 한다. 내가 도쿄대 입시를 앞두고 세운 '못해도 500등 안에 든다'라는 목표가 바로 상대평가에 대비하는 기준이다.

상대평가 시험을 준비할 때
'1등을 한다'는 목표를 세우는 건
자칫하면 스스로를 괴롭게 할 뿐
역효과를 낳을 수도 있기에 주의해야 한다.

삿포로에서 중학교에 다니던 시기에는 도쿄대에 들어가겠다는 목표가 있긴 했지만, 그저 막연한 목표였을 따름이다. 전국에서 공부 잘하는 수재들이 몽땅 모여들 것이고, 그중에서도 '수재 중의 수재'만이 합격한다. 그러니 내가 거기에 포함될 수 있으리라는 건 상상조차 되지 않았다.

그런데 학원 선생님의 권유를 계기로 수많은 도쿄대 합격생을 배출한 고등학교에 들어갔고, 그러고 나니 도쿄대 입학이 단숨에 현실감을 띠기 시작했다. 대대로 많은 선배가 도쿄대에 합격했으며, 많은 동급생이 도쿄대를 목표로 하고 있었다. 나와 비슷한 수험생들로 둘러싸인 환경이었기에 꿈이 꿈으로 그치지 않고 현실의 문제가 된 것이다.

아빠는 내게 힘내라고 하시며 이렇게 말씀하셨다. "도쿄대 합격은 낙타가 바늘귀를 통과할 정도로 어려운 일은 아니란다."

1등을 할 필요는 없다. 합격만 하면 된다. 그 사실은 내가 목표를 더욱 현실적으로 세울 수 있도록 해주었고, 막연함에서 기인하던 부담감을 상당 부분 덜어주었다. 그 발상 덕분에 나는 입시공부를 끝까지 해내고 무사히 도쿄대에 합격할 수 있었다.

목적과 꿈을 혼동하지 마라

—

"목적이 없다면 눈앞의 목표를 설정할 수 없다. 목적이 있어야 그 목적에 도달하기 위해 눈앞에 작은 목표를 세울 수 있다. 그 목표를 하나씩 달성하다 보면 목적에 도달하게 된다."

자기계발서에 자주 등장하는 논리지만 정말 지당한 말이다. 최종적으로 도달할 곳은 꿈이 아니라 목적이라는 점이 중요하다.

나는 목적과 꿈을 혼동하지 않도록 주의하고 있다.

꿈은 가슴을 뛰게 하는 것이지만,
목적은 현실적이고 담담한 것이다.

초등학교 6학년 때 품었던 '국가공무원이 되겠다'라는 생각은 꿈이다. 이 꿈에 '국가공무원이 되어 나라에 공헌하고 싶다'거나 '드라마에서처럼 정치인 앞에서도 신념을 굽히지 않겠다' 같은 이상을 그려볼 수 있다.

다른 한편, 국가공무원 제1종 시험에 합격하겠다는 것은 목적이다. 합격이라는 목표와 그에 이르는 과정이 명확하고, 결과와 함께 끝이 난다. 내게는 도쿄대에 합격하는 것도 국가공무원이라는 꿈을 실현하기 위한 과정, 즉 단순한 목적에 지나지 않았다.

이처럼 목적과 꿈을 혼동하지 않도록 늘 의식하고 있었다.

도쿄대 입시나 국가공무원 제1종 시험, 사법 고시를 치르는 것 자체에는 아무런 환상이 없다. 그저 목적이기 때문에 합격만 하면 된다. 목적은 어디까지나 목적일 뿐이다. 목적을 달성하기 위해서는 필요한 최소한의 노력만 들이면 된다. 가장 효율적인 지름길을 선택하는 게 좋은 방법이다.

턱걸이일지라도 합격만 하면 된다.
목적이란 그만큼 단순한 것이다.

단순히 이야기하면 A 지점에서 B 지점까지 갈 때, 이 두 지점을 연결하는 직선을 선택하는 것이 가장 효율적이고 낭비가 없는 지름길이다. 이처럼 목적이 명확하다면 가장 빠른 길인 지름길을 선택해야 하는 법이다. 하지만 목적과 꿈을 혼동하면 '조금 샛길로 새더라도 나중에 도움이 될지 모른다'라며 우회로를 선택하는 실수를 저지르기 쉽다.

예컨대, 내 경험에 비추어 보면, 사법 고시를 준비할 때 유명한 학자가 쓴 법률서는 피해야 한다. 그런 법률서에는 저자의 독자적 법률 해석 같은 '우회적' 요소가 포함되어 있기 때문이다. 사법 고시에서 나오는 문제는 학자의 독자적 법률 해석이 아니라 어디까지나 '기본'에 관한 것이다. 그 기본만 잘 알아두면 합격할 수 있다.

실제로 사법 고시에 도전하는 이들 가운데는 학자가 쓴 법률서를 여러 권 되풀이하여 읽는 이들이 많다. 목적과 꿈을 혼동하기 때문이 아닐까 싶다.

나는 사법 고시용 참고서를 사서 그것을 철저히 읽고 합격했다. 그것이 합격으로 가는 가장 빠른 길이었기 때문이다.

누구나
따라할 수 있는
합격법

제3장

교과서 7번 읽기부터 시작하라

이제부터 내가 어떻게 도쿄대 입시를 준비했는지 설명하겠다. 내가 본격적으로 입시공부를 시작한 것은 고등학교 3학년, 그것도 4월 말에서 5월 초에 걸친 연휴인 골든위크 때부터였다. 앞서 말한 대로 입시 학원 같은 외부의 지도를 전혀 받지 않았고, 교과서를 중심으로 철저히 혼자 공부했다.

우선 되도록 빨리 학교 교과서를 독파하는 데 전념했다. 전 과목 교과서를 가볍게 통독하는 것이 목표였다. 그리하여 여름방학 전까지 전 과목 교과서 통독을 끝냈다.

하지만 한 번 통독했다고 모두 머릿속에 들어갈 리는 없다. 물론 잊어버리기도 한다. 그 점을 염두에 두고 1차로 전 과목 교과서를 가볍게 통독한 것이다. 앞으로 몇 번 더 통독할 수 있느냐가 관건이었다. 이는 중학교 시절부터 시험공부를 준비하면서 완성해 온 나만의 공부법이었다.

나는 도쿄대 입시를
고등학교 시험의 '완결판'이라고 파악했다.

고등학교 3년 동안 각 시험은 출제 범위가 학기별로 나뉘어 있지만 대학 입시는 고등학교 3년간의 교과서 범위를 전부 포괄하는 시험이다. 이처럼 출제 범위에 다소 차이가 있을지라도, 공부법의 기본은 대학 입시나 학교 시험이나 마찬가지라고 생각했다.

대입에서는 과목을 선택함으로써 범위를 좁힐 수 있다. 일테면 사회 과목에서 나는 국사를 택했다. 세계사는 여러 나라에서 일어난 사건을 배우지만, 국사는 한 나라만 파고들면 되기에 이해하기 쉽다. 스토리에 연결성을 짓기도 쉬워서 내 공부법에 안성맞춤인 과목이기도 했다.

공책 정리는 따로 하지 마라

—

선택 과목을 국사로 정했는데 난감한 일이 생겼다. 나는 3학년 때부터 국사를 들었는데 수업 진도가 생각만큼 빠르지 않았던 것이다. 1학기 내내 '고대사'만 다룰 만큼 진도가 느렸다. 이대로라면 조개더미나 석기만 배우다가 1년이 다 가겠다는 생각이 들었다.

그래서 수업 진도를 기다리지 말고 미리 교과서를 읽고 진도를 빼둬야겠다고 결심했다.

내가 다닌 고등학교는 원래 입시를 대비한 수업을 거의 하지 않는 곳이었다. 대학 입시를 위한 기술을 가르치는 수업이 아니라 대학에 입학하거나 사회에 진출한 뒤에 도움이 되는 수업을 지향했던 것 같다. 그래서 고3이 되었다고 해도 1~2학년 때나 마찬가지 방식으로 수업이 이뤄졌다.

학교에서 그렇게 한 이유는 '시험에 출제되는 내용은 전부 교과서에서 나온다'는 생각이었기 때문인 듯하다. 나도 그게 맞다고 생각하여 교과서를 중심으로 한 공부법에 전념했다. 결과적으로 그 생각은 옳은 것으로 드러났고, 다행히 나로서도 그 방법이 잘 맞았다.

'특정 출판사의 참고서를 읽어라', 또는 '이 프린트를 풀어와라' 하는 식으로 교과서 이외의 과제를 강요받았다면 공부의 중심이 흔들리고 말았을 것이다. 그랬다면 나만의 공부법을 찾지도 못했을 것이다.

더욱이 나는 공책 정리도 전혀 하지 않았다. 그럴 시간이 있다면 교과서를 조금이라도 더 읽는 편이 시험에 도움이 된다고 생각했다.

물론 수업을 들을 때는 공책에 필기를 했다. 하지만 기본적으로 그 공책은 다시 보지 않는다. 필기를 하는 것은 수업에 관심을 갖고 열심히 듣고 있다는 사실을 선생님에게 보여주기 위해서였다.

어차피 수업 내용은 모두 교과서에 실려 있으니
교과서를 읽는 편이 효과적이다.

시험공부를 할 때, 공책을 깔끔하게 정리하려고 애쓸 필요는 없다. 정리하는 데 정신을 팔다 보면 공부한 내용에 집중하지 못하기 때문이다.

도쿄대에 다닐 때에는 '시험용 복사본'이라는 것이 있었다. 강의 내용이 잘 정리된 공책의 복사본으로, 시험 때가 되면 학생들 사이에 돌곤 했다. 그런데 우습게도, 그 복사복으로 공부한 학생이 공책을 정리한 학생보다 높은 점수를 받는 일이 종종 있었다.

공책을 정리하다 보면 깔끔하게 정리하는 것 자체에 매몰될 위험이 있다. 그래서 나는 단 한 번도 시험공부를 하면서 공책을 정리한 적이 없다.

기출문제와 모의고사로 '적을 알고 나를 안다'

—

고등학교 3학년의 골든위크부터 여름까지 전 과목 교과서를 통독한 뒤에도, 교과서를 되풀이해서 읽었다. 교과서를 한 번 통독하는 것을 한 세트로 삼고, '오늘은 한 세트의 절반을 끝내자' 같은 식으로 정해 쉬지 않고 읽은 것이다.

교과서를 통독하면서, 그때부터는 도쿄대 기출문제도 풀었다. '지피지기면 백전불태', 즉 '적을 알고 나를 알면 백번 싸워도 위험하지 않다'고 하지 않던가. 도쿄대 입시에 비추어 이야기하자면 적은 도쿄대다. 도쿄대 기출문제를 풀어서 적의 정세를 파악하고 내 실력이 어떤 수준인지 확인하고자 한 것이다.

이 시기에 도쿄대 기출문제를 풀었던 것은
'나와 적의 차이를 알기' 위해서였다.
즉 도쿄대 합격이라는 목표와 내 실력의 차이를
실제로 헤아려보는 작업이었다.

게다가 내 공부 실력이 어느 정도의 위치에 있는지 알기 위해서 모의고사에도 응시했다. 도쿄대 모의고사뿐만 아니라 가능한 한 전국 모의고사에도 응시하고 현재 내 실력이 어느 정도인지 파악하는 데 힘썼다.

그러는 동안에도 교과서 읽는 일은 계속했다. 시험일이 가까워지자 시험 환경에 익숙해지려고 문제집을 푸는 비중을 늘렸다. 그래도 기본은 어디까지나 교과서를 되풀이하여 읽는 것이었다.

교과서를 읽는 공부법에는 약점이 한 가지 있다. 그저 읽기만 해서는 문장을 능숙하게 쓰지는 못한다는 것이다. 읽기는 '입력'이라는 면에서는 절대적인 효과를 발휘하지만, 아무래도 '출력'에 대한 대비가 되지는 못한다. 앞서 이야기했듯 도쿄대 입시의 출제 유형은 단답식이 아니라 논술식이기 때문이다. 그래서 1문 1답 형식의 논술식 문제집을 사서 풀어나가며 약점을 보완했다. 그래도 어디까지나 시험공부의 중심은 교과서에 두었다.

목표 달성을 위한
멘탈 트레이닝

제4장

의구심을 버리고 성공 체험을 늘려라

―

교과서를 반복해서 읽는 공부법을 꾸준히 실천했지만, 10월에 본 모의고사에서 전례 없이 성적이 떨어졌다. 노력했지만 결과가 따르지 않았던 것이다. 입시까지 3개월밖에 남지 않은 시점이었다. 내 공부법이 옳은 것일까 불안해지고 '다른 아이들처럼 학원에 다니는 게 나을까' 하는 생각이 머릿속을 스쳤다.

당시 동급생들 중에는 학원에 다니는 아이들이 많았다. 한 친구가 말하길, 학원에서는 도쿄대 입시를 더 전문적으로 대비하게 해주고 '요약 카드'라는 생소한 방법을 활용하여 공부를 시킨다는 것이다. 그 얘길 듣고 불안이 더 커졌다.

'학원에는 대학 입시의 전문가들이 모여 있겠지? 그들은 도쿄대에 합격할 수 있는 방법을 잘 알고 있을 테고…. 이렇게 계속 교과서만 읽어도 정말 괜찮을까?' 머릿속이 복잡해지고 불안을 떨칠 수 없었다.

하지만 나는 나만의 7번 읽기 공부법을 고수했다.

돌이켜보면 그때까지 학교 시험과 모의고사에서는 나만의 공부법으로 좋은 성적을 받아왔다. 말하자면, 성공 체험 쪽이 압도적으로 우세했다. 그리고 시험이 얼마 남지 않은 시점이니 지금 와서 다른 방법으로 바꾸는 것은 더 효율이 떨어진다는 생각이 들었다. 결국 나는 마음을 다잡고, '내 공부법을 믿고 열심히 하자. 반드시 좋은 결과가 나올 거야'라고 자기 최면을 걸 듯 되뇌었다. 그렇게 교과서만을 꾸준히 읽었다.

이윽고 한 달 뒤, 11월 모의고사를 치렀다. 잔뜩 긴장하며 결과를 확인한 순간, 다시금 성적이 올라간 것을 보고 안도의 한숨이 절로 나왔다. 눈앞의 안개가 싹 걷히고 시야가 탁 트이는 기분이 들었다.

지금 내가 '교과서 7번 읽기만 하면 된다'고 자신 있게 말할 수 있는 것은, 나도 한순간은 의구심을 가졌고 깊이 고민한 시기가 있었기 때문이다. '정말 될까?'라고 생각하는 사람들이 많으리라는 것도 알고 있고, 오히려 그처럼 회의하는 게 당연하다고 생각한다. 그럼에도 내가 그 방법을 꾸준히 밀고 나가 성공 체험을 더 했듯이, 독자들도 확신을 가지고 밀어붙이라고 말해주고 싶다.

사법 고시를 준비할 때도, 국가공무원 제1종 시험을 준비할 때도 나는 계속 이 방법으로 공부했으며, 마침내 합격했다.

최악의 사태를 염두에 둘 것

—

12월이 되어 입시가 코앞으로 다가오자 실전 대책을 세웠다. 나는 기본적으로 눈앞의 한 가지 일밖에 집중하지 못하는 성격이다. 그래서 입시 한 달 전부터는 실전 대비에 집중했다. 구체적으로는 기출문제를 풀고 단답식 문제를 푸는 데 익숙해지는 훈련을 했다.

나는 현대문학에 약했다. 교과서를 읽기만 해서는 실력이 늘지 않는 대표적인 과목이 바로 이것이었다. 그래서 나는 못하는 과목은 철저히 '수비'하고 잘하는 과목은 적극 '공략' 해서 총점으로 합격선을 넘는다는 전략을 짰다.

못하는 과목에서는
확실히 받을 수 있는 점수만 내면 된다.
부족한 점수는 다른 과목에서 만회한다.

시험이 다가올수록 '실전에서 부주의한 실수를 할지도 모른다'는 걱정이 더해갔다. 그래서 조금 실수하더라도 합격점을 넘길 정도의 여력을 기르기 위해서도 애를 썼다.

1월이 되었고, 입시 당일을 맞이했다. 수학 시험시간, 차근차근 문제를 풀어 종료 시각 직전이 되었다. 그런데 웬걸, 답안이 한 칸 밀렸다는 사실을 깨달았다. 그 순간 핏기가 싹 가셨다.

'이러다 0점을 받을지도 몰라!' 순식간에 패닉에 빠졌다. 하지만 곧바로 마음을 진정시키고 침착하게 답안을 수정했다. 그때 그렇게 할 수 있었던 것은 최악의 사태를 사전에 예상해둔 덕분이었다. 그 결과 시간 안에 답안 수정을 마쳤고, '오늘은 운이 좋았네!'라고 생각하는 여유까지 생겨났다. 시험 후 가채점을 해보니 그럭저럭 목표했던 점수가 나와 만족스러웠다.

첫 번째 벽, 정체기

—

나는 쉽게 의기소침해지는 성격이기도 하다. 지금까지 수많은 일에 수없이 풀 죽고 좌절했다. 한창 도쿄대 입시공부를 할 때도 몇 번이고 의기소침해졌다. 하지만 그런 경험을 통해 '나는 이러이러한 때 의기소침해진다'라는 일종의 '공식' 같은 것을 마련하게 되었다.

예컨대 나는 노력하는 것 자체는 결코 괴롭지 않다. 괴로워서

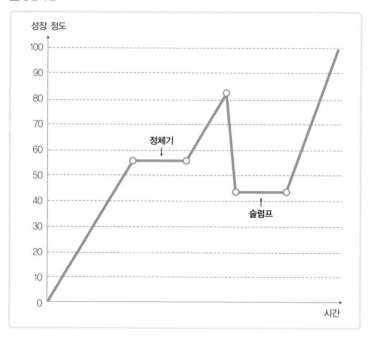

■ 성장곡선

의기소침해지는 것은 온 힘을 다해 노력했음에도 그에 걸맞은 성과가 나오지 않았을 때다.

내 경험에 비추어 보면, 공부로 인한 성장곡선은 위의 그림과 같은 듯하다. 세로축을 '성장 정도'라 하고, 최고치를 100이라 해 보았다. 실력이 50 정도에 이르기까지는 노력하는 만큼 반드시 성장한다.

고등학교 3학년 여름까지 동아리 활동에 열중하는 친구들도 많았는데 그들이 이런 예였다. 동아리 활동을 그만두고 입시공부에 집중하기 시작하면, 그때까지 성적이 평균 이하였더라도 성적이 쑥쑥 올라 평균치 정도는 도달한다. 그 과정에서는 노력하는 게 괴롭지 않다. 노력한 만큼 성장하기 때문에 오히려 즐겁다고 느낄 것이다.

첫 번째 벽은 대략 50~60 부근에서 맞닥뜨리게 된다.

누구든 한 번쯤 경험했으리라고 생각하는데, 노력을 기울여도 지금까지처럼 성장하지 못하는 구간이다. 이를 나는 '정체기'라고 이름 붙였다. 노력의 양과 질에 관계없이 성장하지 못하는 상황이 계속되는 괴로운 상태다. 다만, 이 정체기는 '일시적'이라는 특징이 있다.

공부든 운동이든 열심히 노력하다 보면 크든 작든 정체기가 반드시 찾아온다고 한다. 하지만 괴로운 상황이라도 꾸준히 노력하면 반드시 벗어날 수 있다고들 말한다. 내 경험에 비추어 봐도 그렇다.

극복하지 못할 역경은 없다

—

도쿄대 입시, 사법 고시, 국가공무원 제1종 시험 등 지금까지 시험공부를 거치며 나의 '성장곡선'을 객관적으로 바라볼 수 있게 되었다. '순조롭게 성장하고 있구나', '정체기구나' 하는 식으로 자신이 처한 상황을 객관적으로 볼 수 있게 되면 괴로운 상황에 있더라도 마음이 상당히 편해져서 쓸데없이 의기소침해지지 않는다.

나는 '지금은 겨울이다' 라고 생각한 적이 수없이 많다. 하지만 나의 경험상 매서운 추위가 계속 이어진 적은 없다. 그다음에는 반드시 따뜻한 바람이 불고 봄이 찾아온다.

나는 괴로울 때 이렇게 생각한다. '사람은 높이 뛰어오르기 전에 반드시 몸을 움츠린다.' 높이 뛰어오르려면 다리를 구부리고 몸의 중심을 낮춰서 추진력을 얻어야 한다. 흐름은 반드시 변하기 마련이다. 그러니 지금의 괴로움을 준비 단계라고 여기고 긍정적인 마음을 갖는 것이 중요하다.

도쿄대 입시공부를 할 때도 괴로운 시기는 어김없이 찾아왔다. 입시 준비를 막 시작한 3학년 5월에 처음 도쿄대 모의고사를 치렀는데 성적이 꽤 괜찮게 나왔다. 그런데 문제는 그 후로 그때의 성적을 계속 넘지 못했다는 것이다. 나는 무척 우울해졌고, '도쿄대 합격은 불가능할지도 몰라' 라는 생각이 머릿속을 채워갔다.

고등학교 3학년 당시 나는 도쿄대에 합격하겠다는 생각만으로 매일 공부에 전념했다. 매일 열심히 공부했는데도 기대한 만큼 결과가 나오지 않자 '뭐하러 한 달 동안 노력했을까' 하는 생각이 들었다. 그간 기울인 노력을 부정해버린 것이다. 당시에는 아직 내 성장곡선을 이해하지 못했다. 그저 정신력으로 버티면서 '이렇게 노력하고 있으니 조만간 괜찮아질 거야' 라고 되뇌는 수밖에 없었다.

그러다가 어느 달 모의고사에서 갑자기 성적이 올랐다. 그때 완전히 정체기에서 벗어났다는 사실을 지금은 안다. 당시에는 그 정도로 객관적으로 생각하지는 못하고, '휴, 드디어 어두운 터널을 빠져나왔군' 하고 안도의 한숨을 내쉬었다.

지금의 내가 고등학교 3학년의 나를 만난다면, "너는 지금 이 성장곡선의 이 시기에 있는 거야. 지금은 괴로울지도 모르지만 반드시 어두운 터널에서 벗어날 수 있단다" 하고 용기를 북돋아 줄 텐데 말이다. 지금 어떤 이유에서든 역경의 한가운데에 있는 이들에게 전하고 싶다.

정체기라고 하는 인생의 계단은
더욱 높은 곳으로 가기 위해 꼭 필요한 단계다.
그 자체로 도전이자 훌륭한 일이고,
벗어나는 때가 반드시 온다.
내가 경험한 바로도
벗어날 수 없었던 정체기는 단 한 번도 없었다.

두 번째 장애물, 슬럼프

—

성장곡선의 이야기로 다시 돌아가면 50~60 부근에서 찾아오는 정체기는 어찌 되었든 반드시 벗어날 수 있다. 그러면 그다음에는 80 정도까지 갑자기 성장하는 시기가 찾아온다. 성장 체험을 한 번 더 겪을 수 있다. 그러나 80을 넘었을 무렵, 갑자기 성적이 뚝 떨어지는 경우가 있다. 이것을 '슬럼프'라고 한다.

공부를 하면서 괴로워서 의기소침해지는 것은
50~60 정도에서 찾아오는 정체기와
80을 넘었을 즈음 찾아오는 슬럼프, 두 시기다.
중요한 것은 슬럼프라는 것은

반드시 높은 수준을 전제로 한다는 것이다.

정체기인데 '슬럼프가 왔다'고 말하는 사람이 많다. 내가 보기에는 참 어쭙잖은 일이다. 슬럼프를 겪으려면 한참 더 올라가 있어야 하니 말이다. 이는 뒤집어 말하면, 아직 성장할 가능성이 많이 남아 있다는 뜻이다. 그리고 정체기는 반드시 벗어날 수 있다. 그러니 "난 글렀어. 도쿄대는 포기하고 다른 학교를 지망해야겠어"라며 목표를 바꿔서는 안 된다. 이런 점을 생각지 않고, 정체기에 목표를 바꾸는 사람이 상당히 많다.

입시 전에 도쿄대 모의고사를 치르는 수험생은 많지만, 최종적으로 그 학교 입시를 치르는 사람은 대폭 줄어들어 경쟁률이 3:1 정도가 된다. 이는 바로 정체기를 거치면서 지망 대학을 바꾸는 이가 많기 때문이다.

나는 시험을 많이 치러본 만큼, 내가 지금 성장곡선의 어느 위치에 있는지를 어렴풋이 짐작할 수 있다. 잘 풀리지 않는 시기가 오더라도 '지금은 괴롭지만 여기서 벗어나면 한층 성장할 것이다'라고 확신한다. 그 덕에 정체기가 닥쳐도 그리 의기소침해지지 않게 되었다.

내 성장곡선을 객관적으로 판단할 수 있게 된 지금은 업무에 정체기가 찾아와도 그리 의기소침해지지 않는다. 이에 비해, 80을 넘었을 즈음 찾아오는 슬럼프는 아직도 괴롭다. 성장 가능성이 거의 20밖에 남지 않을 만큼 꽤 높은 수준에 도달한 상태라서 정체기와 같은 여유가 없기 때문이다.

게다가 성장에 변동이 없는 정체기와는 달리 슬럼프 시기에는 마이너스 성장을 기록한다. 지금까지 순조롭게 해왔던 것이 갑자기 잘 안 되어서 충격 또한 크다. '이 이상 어쩌라는 거야!' 하고 분노에 가까운 감정을 느낄 수도 있다.

그렇다고 슬럼프 역시 극복하지 못할 것은 아니다.

슬럼프를 견디는 두 가지 방법

—

나의 '슬럼프 극복 체험기'를 들려주려 한다.

앞서 말한 대로 대학 3학년 때 사법 고시에 합격했다. 변호사가 되기 위해서는 알다시피 '사법 연수'라는 과정을 거쳐야 한다. 내가 연수생이던 시절에는 우선 전기과정 수업과 시험이 있었고, 그후 1년 동안 실무 교육을 거쳐야 후기과정 수업과 시험에 임할 수 있었다. 이때 '2회 시험'이라고 해서 종일 치르는 시험이 5일씩이나 이어지는데 이 시험에 합격해야 비로소 변호사가 될 수 있다.

내가 슬럼프를 느낀 것은 이 후기과정 시험 때였다. 전기 때보다 훨씬 나쁜 점수를 기록하고 시험관에게 혹독한 평가를 받았다. 시험관은 '전기과정 때 같은 예리함을 찾아볼 수 없다', '전기과 정보다 후퇴해서 안타깝다' 같은 지적을 했다.

전기과정을 마친 나는 1년 동안 절대 노력을 게을리하지 않았 다. 그런데도 결과가 '후퇴' 라니…. 무척 의기소침해졌다. 노력이 결과로 나타나지 않고 성장 또한 멈춘다는 것은 상당히 괴로운 일 이다. 나는 의지가 꺾였고 슬럼프에 빠졌다.

슬럼프는 누구에게나 반드시 찾아오는 것으로, 무엇을 해도 잘 풀리지 않는 상태라고 보면 된다. '오르막이 있으면 내리막이 있 는 법'이라는 말이 있다. 이 말대로다. 무엇을 해도 잘 되는 시기 가 있는가 하면, 반대로 무엇을 해도 잘 안 되는 시기 역시 있는 법 이다.

슬럼프에서 벗어나는 방법은 두 가지뿐이다.
'아무것도 하지 않거나' 아니면 '닥치는 대로 해보거나.'

어느 쪽을 선택하든 결과는 별반 다르지 않을 것이다. 〈마녀 배 달부 키키〉라는 애니메이션 영화를 본 적이 있을 것이다. 마녀 엄 마와 인간 아빠 사이에서 태어난 주인공 키키는 열세 살이 되자 마녀 수업을 시작한다. 한창 잘 해나가다가 어느 날, 키키는 슬럼프에 빠져 마법을 쓰지 못하게 된다. 의욕을 잃은 키키가 숲 속에서 한 화가를 만나는데, 그가 이렇게 조언한다. "우선 바쁘게 지낼 것, 그래도 안 되면 아무것도 하지 말 것."

사실, 아무것도 하지 않는다는 선택지를 택하려면 상당한 용기가 필요하다. 장기 명인 요네나가 구니오는 생전에 이런 말을 남겼다. "무엇을 해도 잘 풀리지 않을 때가 있는데, 그때는 아무것도 하지 않는다." 이는 꽤 숙달된 경지에 이른 상태다.

나는 그럴 용기가 나지 않아서 뭐든 닥치는 대로 해본다. 어쨌든 발버둥을 쳐보는 것이다. 그러면서 한편으로는 스스로에게 이렇게 속삭이며 위로를 한다. "지금은 시기가 좋지 않을 뿐이야. 오르막이 있으면 내리막이 있는 법이잖아. 조만간 다시 잘 풀릴 거야."

문과 과목이
저절로 이해되는
7번 읽기 실천법

제5장

교과서를 읽는 가장 편한 자세를 찾아라

—

이번 장에서는 국사 교과서를 활용하여 나의 7번 읽기 공부법에 대해 구체적으로 설명하고자 한다. 우선 나는 교과서를 읽을 때의 자세를 정해두고 있다. 7번 모두 같은 자세로 읽는다.

① 우선 책상 앞 의자에 앉는다. 무릎을 꿇거나 책상다리를 하지 않는다.

② 책상 위에 교과서를 비스듬히 세우고 양손으로 교과서를 잡는다.

③ 등을 곧게 펴고 교과서를 읽는다. 그러면 교과서와 머리 사이의 거리가 30센티미터 정도가 된다. 의자에는 등받이가 달려 있어야 하며 등을 대고 깊숙이 앉는다. 이 자세로 앉으면 자동으로 읽는 데 집중할 수 있다.

조금 단정해 보이지는 않지만 의자에 왼쪽 다리를 올리고 허벅지를 가슴에, 정강이를 책상에 붙인 상태로 자세를 고정한다. 이러면 시선이 흔들리지 않는다. 몸에서 움직이는 부분은 책장을 넘기는 오른손뿐이다. 이런 자세로 읽으면 집중하는 사이에 자신도 모르게 상체가 앞으로 기우는 것도 막을 수 있다.

🐾 7번 읽기에 좋은 자세

- **1단계** 책상 앞에 의자를 당겨 앉은 다음 교과서를 양손으로 비스듬히 잡는다.
  Point 의자에 깊숙이 앉는다.

- **2단계** 의자 위에 왼쪽 다리를 올리고 무릎을 세운다.
  Point 허벅지를 가슴에, 정강이를 책상에 붙인다.

- **3단계** 고개를 약간 숙여 눈과 교과서 사이를 30센티미터 정도로 유지한다.
  Point 오른손 손가락 외에는 몸을 움직이지 않도록 하여 집중해서 읽는다.

이는 내가 중학교 시절부터 오랜 시간을 들여 완성한, 교과서 읽기에 가장 적합한 자세다. 사실 변호사가 된 지금도 이 자세로 책이나 자료를 읽고 있다(나는 개인 사무실에서 일하기 때문에 남의 시선을 신경 쓰지 않아도 된다). 집중이 잘 되는 자세는 저마다 다를 수 있으니 자신에게 가장 알맞은 자세를 찾길 바란다.

자세의 포인트는 책에만 집중하는 것이다.

그리고 눈을 책과 너무 가까이하지 않는 것이다.

7번 읽기, 각 단계의 의미

—

내가 중학생 시절부터 꾸준히 몸에 익힌 7번 읽기 공부법에는 각각의 횟수에 다음과 같은 의미가 있다.

1번째부터 3번째까지는 이른바 토대를 쌓는 작업이다. 교과서 전체를 가볍게 '훑어보는 것'이 목적이다. 이 단계에서는 내용을 거의 이해하지 못해도 괜찮다. 그저 처음부터 끝까지 가볍게 훑어보면 된다. 읽는 것이 아니라 '훑어보고' 교과서 전체의 느낌을 파악하는 것이 포인트다.

4번째부터 5번째에 드디어 '읽는' 단계에 접어든다. 교과서의 어느 부분에 어떤 내용이 실려 있는지, 그것이 무엇을 의미하는지 알아가는 단계다. 이 단계에서 내용의 이해도가 80퍼센트 정도까지 증가한다.

그리고 6번째와 7번째에는 교과서의 내용을 머리에 입력한다. 교과서에 실린 내용을 도표나 자료 등 세세한 부분까지 완전히 이해한다. 그리고 시험에서 출력할 수 있는 수준에 이를 정도로 기억한다.

이것이 7번 읽기의 전체 개념이다. 다음 그림처럼 표현할 수 있다. 읽는 방법이 바뀌는 단계에서는 잠시 시간을 두고 다음으로 넘어가는 것이 효과적이다. 7번을 내리 읽지는 말라는 뜻이다. 7번을 몰아서 읽으면 단계가 바뀌어도 방금 읽은 방법과 똑같이 읽게 되기 쉽다.

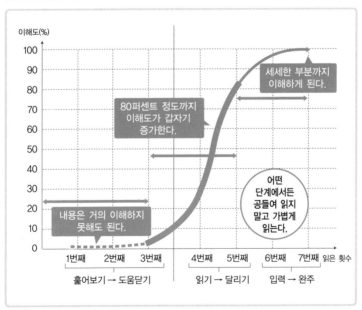

▼ 7번 읽기의 이해도 곡선

한 교과서를 1번 읽은 다음에는
다른 과목 교과서를 읽는다.
하루 이틀 정도 간격을 두면 좋다.

각각의 단계마다 읽는 방법의 차이를 의식하면서 강도를 조절하는 것도 중요하다. 그러려면 '3번째 방법으로 읽어야지' 하고 그 단계에 맞는 독서법을 강하게 의식하는 것이 좋다.

밑줄을 긋거나 단어를 가리지 마라

—

교과서를 읽을 때는 '정말 읽기만 할 뿐'이다. 밑줄을 긋거나 필기를 하지 않는다. 중요한 단어를 형광펜으로 칠하거나 강조하기 위해 표시를 하기도 하는데 나는 해본 적이 없다. 형광펜으로 색칠을 하거나 밑줄을 그으면 읽는 데 방해가 되기 때문이다.

불투명 시트지 같은 것으로 덮어 안 보이게 한 채로 단어를 외우는 친구들도 많았는데 그 역시 마찬가지다. 내게는 읽는 것이 중요했기에 이런 방법은 써본 적이 없다.

학원 참고서 같은 교재에는 빈칸을 채우는 형식의 문제도 있지만 그것도 내게는 맞지 않는다. 교과서를 읽는 작업은 전적으로 입력하는 작업이다. 그런데 빈칸을 채우는 것은 출력에 가깝다. 입력이 필요할 때 출력까지 해야 하면 한 가지에 집중하지 못하게 되어 효율이 떨어진다.

애초에 입력이 되어 있지 않으면 출력을 할 수 없다.
그래서 우선 입력하는 데 집중하여
교과서를 7번 읽는 것이다.

형광펜이나 밑줄, 빈칸 채우기가 있으면 읽는 속도가 확실히 떨어진다. 아무래도 그 부분에 신경이 쓰여 읽는 데 방해가 되기 때문이다. 순조롭게 읽지 못하면 무의식적으로 귀찮음을 느끼게 되고, 이 때문에 읽는 것 자체에 저항감이 생긴다.

다시 한 번 강조하지만,
교과서에는 아무것도 적지 않는 것이 좋다.
쓰는 작업은 7번 읽기의 보충 단계에서 언급하겠다.

우선 전체를 훑어본다

읽지 말고 본문 전체를 훑어본다
—

우선 1번째 읽기다. 내가 370페이지짜리 교과서를 통독하는 데 걸리는 시간은 약 25분이다(처음과 끝에 실린 목차와 연표는 제외). 기본적으로 한 페이지당 4초를 할애하여 가볍게 훑어본다.

내가 읽었던 국사 교과서는 소제목, 도표, 주석 등을 제외하면 한 페이지당 글자 수가 대략 400~500자 정도로 펼침면 양 페이지로 치면 800~1,000자 정도였다. 나중에 자세히 설명하겠지만 1번째 읽기에서는 도표를 보지 않는다. 글자에 집중해서 전체를 '훑어볼' 뿐이다.

이 책의 펼침면을 8초 만에 읽어보길 바란다. 그러면 1번째에는 거의 읽지 않는다는 사실을 알게 될 것이다. 이것이 전체를 '훑어보는' 감각이다. 머리를 쓰는 것이 아니라 눈으로 글자를 따라가기만 하면 된다.

그렇게 전체를 훑어보는 동시에 다음 장으로 넘어갈 준비를 하는 것도 중요하다. 펼침면 두 페이지를 훑어보면서 8초마다 계속해서 책장을 넘겨야 한다. 오른쪽 페이지 아래쪽에 오른손 손가락을 미리 걸쳐둔다. 이렇게 미리 준비를 해놓아야 책장 넘기기를 리듬감 있게 해낼 수 있다.

1~3번째에 의식할 점은
'훑어보기만 해도 괜찮으니 전체를 파악하는' 것이다.

특히 1번째에는 '전혀 이해하지 못해도' 괜찮다. 내용을 이해하려고 애쓰지 않아도 된다. 아니, 오히려 이해하려고 들지 않는 편이 좋다. 전체를 가볍게 훑어보는 것이 가장 중요하기 때문이다.

지그재그로 서치라이트 방식으로 읽는다

—

'훑어본다'는 것의 구체적인 의미는 다음과 같다.

1번째에는 머리를 쓰지 않고 눈으로만 글자를 따라간다. 눈을 '지그재그'로 움직여야 한다. 먼저 시선을 '왼쪽에서 오른쪽으로' 움직여가며 읽는다. 그런 다음 다음 줄 처음으로 오는 게 아니라 다음 줄 맨 끝에서 시작해 '오른쪽에서 왼쪽으로' 움직여가며 읽는다.

지그재그로 가면서 훑고, 오면서 훑는 방식이다. 공연장 같은 데서 서치라이트를 비추는 걸 생각해보면 된다. 불빛이 어떤 방향으로 갔다가 되돌아올 때, 중간에 끊기지 않고 갔던 지점에서 시작해 처음 지점으로 돌아오는 것 말이다.

이때 두세 줄을 한꺼번에 훑으면서 오가면 페이지당 4초에 충분히 읽을 수 있다. 이렇게 일단 한 권을 대충 훑어본다. 1번째 읽기에서 이렇게 해두면 2번째 이후 이해도를 높이는 데 효과를 발휘한다.

1번째 읽기에서는 속도감을 중시하자.
거듭 말하지만 내용은 이해하지 않아도 된다.
집중해서 전체를 '훑어보기'만 할 뿐이다.

마치 무척 지쳐 있을 때 책을 읽는 듯한 상태라고 보면 된다. 너무 지쳐서 읽어보려 해도 슥 훑어보는 정도에 그칠 뿐 내용이 머릿속에 전혀 들어오지 않을 때가 있지 않은가? 또는 자기 전에 침대에 누워 책을 읽다가 잠들었는데, 다음 날 책의 내용을 전혀 기억하지 못한 경험은 없는가? 그런 정도로 책을 훑는다고 생각하자.

눈에 띄는 한자를 속으로 소리 내어 읽는다

—

1번째 읽기를 더욱 자세히 설명하겠다.

> 서치라이트를 비추고 지그재그로 훑어내려 가면서
> 눈에 띄는 '한자'를 마음속으로 소리 내어 읽는다.

국사 교과서에는 한자가 무척 많다. 지그재그로 훑어보면서 '형태가 눈에 띄는 한자'가 있으면 마음속으로 한 번 소리 내어 읽는다. 여기서 '소리 내어'라는 말은 단어를 시각적으로 머릿속에 재현해본다는 의미다.

한자를 주의를 기울여가며 찾아낼 필요는 없다. 중요해 보이는 단어를 선별하는 것이 아니라 지그재그로 훑어보면서 어쩌다 눈에 띈 것만 읽어도 된다. 결과적으로 중요한 단어인지는 이 시점에서는 신경 쓸 필요가 없다.

제목처럼 크거나 진하게 표시된 단어는 자연히 눈에 들어온다. 그런데 한자는 획수가 많아서 진한 글씨가 아니어도 비교적 눈에 잘 띈다. 서치라이트를 비추면서 눈에 띄는 한자만을 잡아낸다는 느낌으로 읽자.

그림이나 표는 건너뛴다

—

앞서 말했듯 1번째 읽기에서는 도표는 의식하지 말고 글자만을 눈으로 따라간다. 글자로 구성된 표라 하더라도 본문이 아니면 건너뛴다. 서치라이트는 본문만 비추고 지나가게 한다.

그림이나 표는 '대략 이쯤에 있다'는 인상만 남을 정도로 가볍게 의식하고 넘어간다. 그림의 캡션이 있을 때는 글자 크기로 구별한다. 글씨가 크면 중요한 것이므로 훑어보고, 작다면 건너뛴다.

다시 강조하지만 서치라이트를 비추면서 지그재그로 리듬감 있게 훑어보되, 그림이나 표 부분은 건너뛰는 것이다. 1번째 읽기에서 중요한 것은 속도감이다. 넓고 얕게 훑어보는 것이 목적이기 때문에 속도 또는 흐름에 맞지 않는 부분은 건너뛰어도 상관없다.

서치라이트를 지그재그로 비추면서 글자를 잡아낸다.
그림이나 표 부분은 건너뛴다.
눈에 띄는 한자는 마음속으로 소리 내어 읽는다.

어쨌든 책장을 넘긴다

—

1번째 읽기에서는 '어쨌든 책장을 넘기는 데' 의의가 있다고 생각하자. 그러면 책 한 권을 한 장 한 장 넘기는 동안 감각적으로 '좋은 페이지'와 '싫은 페이지'가 생긴다. 전체를 가볍게 훑어보면서 그런 인상을 의식하는 것도 의미가 있다.

나는 한자가 많을수록 흐름을 파악하기 쉬워서 좋다. 한자로 된 고유명사가 많으면 단어 사이를 연결하듯 훑어볼 수 있어서 순조롭게 읽히기 때문이다. 그림이 많은 페이지도 좋아한다. 보기에 좋은 데 더해 건너뛸 부분이 많아서 훑어볼 양이 적기 때문이다.

반대로 눈에 띄는 한자가 적고 문장이 긴 페이지는 싫다. 진하게 표시된 단어가 적은 페이지도 눈에 띄는 글자가 적어서 싫다.

내용에 따른 호불호도 있다. 국사 교과서 가운데 '봉기'에 관한 페이지는 왠지 부정적이고 어두운 느낌이 들어서 싫다. 반면, '문화'에 관한 페이지는 긍정적이고 밝은 느낌이 들어서 좋다. 1번째 읽기에서는 이렇게 호불호의 느낌에 따라 대략적인 인상을 부여하는 것도 중요하다.

1번째 읽기는 표면적으로 훑을 뿐이지만 '여자 그림이 있었지', '색이 산뜻해서 예뻤어' 하는 식으로 대략적인 인상은 남는다.

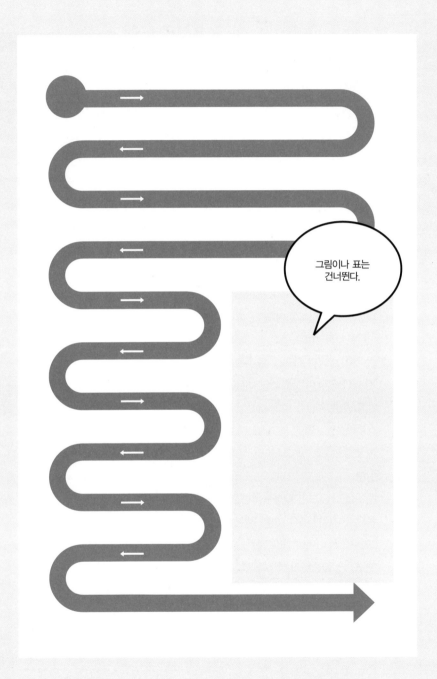

Q 서치라이트 방식 읽기가 잘 안 돼요.

A 무의식적으로 읽고 있지 않나요? '읽는다' 는 감각을 버리세요.

1번째의 서치라이트 방식 읽기에서는 묵독, 즉 소리는 내지 않으면서 마음 속으로 읽고 있어서는 절대로 안 된다. 그러면 자기도 모르게 '왼쪽에서 오른쪽', '왼쪽으로 돌아가 다시 왼쪽에서 오른쪽으로' 읽게 되기 때문이다. 아마도 대부분이 자기도 모르게 읽게 될 터인데, 이것도 훈련하면 나아지니 걱정하지 않아도 된다.

1번째 서치라이트 방식 읽기에서는 '읽는다' 는 개념을 완전히 버리자. 읽는 것이 아니라 전체를 '훑어보는' 것이다. 이는 페이지 전체를 사진을 찍듯 파악해가는 '포토 리딩' 과는 다르다. 그보다 가볍게 전체를 훑어보기만 해도 충분하다.

머릿속으로 글자를 베끼려고 하면 읽는 속도가 떨어진다. 교과서를 머릿속에 효율적으로 넣으려면 이 1번째 읽기에는 가능한 한 시간을 적게 들여야 한다.

묵독을 하다 보면 읽지 못하는 한자가 나올 경우 시간을 빼앗긴다. 바꿔 말하면, 한자가 나올 때마다 멈추는 사람은 머릿속으로 읽고 있다는 뜻이다. 1번째뿐만 아니라 3번째까지는 한자를 읽지 않는다. 그냥 한 덩어리의 '형태' 로 인식해두기만 해도 된다.

1번째 읽기에서 가볍게 훑어보기만 할 때의 핵심은 '속도' 다.

확인하면서 단어를 골라낸다

글자뿐만 아니라 숫자도 잡아낸다

—

2번째 읽기는 1번째와 거의 같다. 1번째 읽기에서는 총 370페이지를 25분 만에 읽었다. 2번째도 마찬가지다. 한 페이지당 4초의 속도로 읽어나간다.

이미 한 번 통독한 터라 다시 읽는 데 대한 부담은 상당히 덜할 것이다. 1번째 읽기와 마찬가지로 지그재그로 서치라이트를 비추면서 전체를 훑어나간다. 다만, 2번째에는 더 세세한 부분까지 시선을 준다.

1번째 읽기와 다른 점이라면
2번째 읽기에서는 숫자도 잡아낸다는 것이다.

2번째가 되면 부담 없이 할 수 있다. 가령 어떤 사건이 발생한 연도나 유명한 사찰의 창건 연도 같은 숫자가 나타나면 마음속으로 소리 내어 읽는다. 단, 아직 묵독하는 것은 아니고 숫자를 '의식한다' 정도의 수준이다.

1번째 읽기와 마찬가지로 그림이나 표 부분은 건너뛰되, 주석이 있을 경우에는 서치라이트를 비춘다. 주석은 대개 글씨가 작으므로 1번째 단계에서 그것까지 잡아내려고 하면 피곤해진다. 그에 비해 2번째 읽기 때는 여유가 생기므로 이 단계에서는 글씨가 작은 주석도 훑어보는 것이다.

그림, 표 부분을 읽기에 아직 부담이 크다면
이 단계에서도 건너뛴다.

사진이나 그림, 글자로 이뤄진 표 등은 2번째 읽기에 와서 어렴풋이 인상에 남기 시작한다. 그 인상을 머릿속 한구석에 기억해둔다. 마지막에는 이 부분도 제대로 읽어야 하기 때문이다. 차분히 읽고 내용을 제대로 이해하는 것은 이 단계에서도 신경 쓸 필요가 없다.

👏 2번째 읽기의 포인트

- 1번째 읽기와 마찬가지로 한 줄씩 리듬감 있게 서치라이트를 비춘다.
- 그림, 표 부분은 건너뛴다.
- 잡아낸 한자와 숫자를 마음속으로 소리 내어 읽는다.

Q 어느샌가 책장을 넘기는 속도가 느려졌어요.

A 스톱워치를 가져다 놓고 일정한 리듬으로 책장을 넘기세요.

끈질기게 반복하는 듯하지만 1번째부터 3번째까지는 사실 읽는 것이 아니라 전체를 '훑어보는' 것뿐이다. 어찌 됐든 교과서 한 권의 모든 페이지를 훑는 것이 중요하다.

그렇지만 글자를 눈으로 따라가다 보면 아무래도 무의식적으로 읽게 되기 마련이다. 이를 방지하려면 책장을 넘기는 시간을 직접 재보는 것이 좋다. 스톱워치(또는 스마트폰의 스톱워치 기능)를 준비해두고 넘기는 속도를 재보는 방법을 추천한다. 정한 시간을 넘는다면 머릿속으로 읽고 있을 가능성이 있다.

실제로는 교과서의 글자 수나 페이지 수에 따라 달라질 수 있지만 다음과 같이 원칙을 정해둔다. '1~2번째는 한 페이지당 4초, 책장을 넘기는 것은 8초에 한 번', '3번째에는 한 페이지당 8초, 책장을 넘기는 것은 16초에 한 번' 하는 식이다.

오른손 손가락이 기계적으로 책장을 넘길 수 있도록 리듬을 타는 것이 좋다. 단순 작업이라고 생각하고 같은 속도로 눈과 손가락을 움직이는 것이 포인트다.

눈에 띄는 것을 가볍게 습득한다

서치라이트에서 레이저 빔으로

—

3번째 읽기는 1~2번째 읽기와 비교하면 읽는 방법이 크게 바뀐다. 370페이지를 전부 읽는 데 1~2번째에는 각각 25분이 걸렸지만 3번째에는 1시간 정도로, 통독하는 시간이 2배 정도 걸린다. 한 페이지당 8초의 속도로 읽고 16초마다 책장을 넘긴다. 1번째와 2번째보다 시간을 2배 들이는 것이다.

1~2번째는 서치라이트를 비추면서 지그재그로 훑어보는 느낌으로 읽었다.

3번째에는 1~2번째보다 범위가 좁은
'레이저 빔'을 비춘다.

그리고 읽는 방법도 통상적인 것으로 바뀐다. '왼쪽에서 오른쪽으로' 읽은 다음, 줄을 바꿔 처음으로 와서 '왼쪽에서 오른쪽으로' 한 줄씩 읽는다. 그래서 1~2번째 읽기보다 시간이 더 걸리는 것이다.

그리고 1~2번째에는 머리를 움직이지 않고 눈으로만 글자를 훑었지만 3번째부터는 머리를 좌우로 조금씩 움직이면서 박자를 파악한다. 예를 들어 탁구 경기 같은 걸 보면 공이 오가는 데 따라 관객의 머리도 움직이지 않는가. 바로 그런 식으로 시선을 따라 머리가 자연스럽게 좌우로 움직이도록 한다.

앞서 훑어본 페이지를 확인한다

—

3번째 읽기에서는 한 줄씩 레이저 빔을 비추기는 하지만 아직 '읽는' 단계는 아니다. 작업 자체는 1번째, 2번째 읽기와 같다. 물론 그보다야 조금은 더 신중해지지만, 3번째도 어디까지나 '훑어보는' 게 전부다. 한 줄 한 줄 눈으로 훑어가면서 눈에 띄는 한자를 잡아낸다.

앞서 가볍게 훑어본 페이지를 어렴풋이 떠올리며
조금 더 주의 깊게 전체를 파악하는 느낌으로 읽는다.

'맞아, 이런 내용이 있었지' 하고 떠올리면서 눈에 띄는 단어를 마음속으로 소리 내어 읽는다. 단, 정말로 소리를 내는 것은 아니다.

3번째 읽기에서는 1~2번째 읽기에서보다 눈에 띄는 단어가 훨씬 늘어난다. 3번째 읽기는 소제목의 어구까지는 훑어보되, 그림이나 표는 앞서와 마찬가지로 건너뛴다. 본문에 집중하여 1~2번째보다 신중하게 훑어본다고 생각하자. 한 줄씩 레이저 빔을 비추니 일단 의미는 파악된다. 그러나 이해하려고까지는 하지 않아도 된다.

반복하지만 1번째부터 3번째까지는 읽지 말고 전체를 훑어보자. 모든 페이지를 훑어보고 눈에 띄는 것을 잡아내서 그 인상을 머릿속에 담듯 읽는다.

'좋다' 또는 '싫다'를 의식한다

—

이 3번째 읽기까지가 토대를 만드는 단계다. 1~2번째 읽기에서는 '서치라이트', 3번째는 '레이저 빔'으로 빛을 비추는 방식을 달리하여 가볍게 단어를 잡아낸다. 3번째를 끝낸 시점에서는 정확한 내용을 파악하지 못했더라도 괜찮다. 내용에 관한 문제가 출제되더라도 아직 답할 수 없는 수준이다.

'그 부근에 이런 게 있었던 듯한 기분이 든다' 정도로
어렴풋이 기억이 나는 수준이면 된다.

한편으로 3번째 읽기는 교과서에 꽤 익숙해지기 시작한 단계
다. 예컨대 '에도 시대'가 눈에 띄었다면 '앞에서 분명 이런 느낌
의 페이지에 실려 있었어'라는 인상이 남아 있을 것이다.

내 경험을 얘기하자면 '좋다'거나 '싫다'거나 하는 인상으로
기억하고 있는 것이 무척 많았는데, 거기에는 커다란 이점이 있
다. '좋다' 또는 '싫다' 같은 감정을 이용하면 자연스럽게 긴장감
이 들어 기억에 남기기 쉬워진다는 것이다. 긴장감 없이 평탄하게
훑어보기보다 '이 페이지 재미있어 보이네', '이 페이지는 왠지
어두워' 같은 감정을 더하는 게 훨씬 더 인상에 남는다.

이렇게 자기 나름의 감정을 품고 훑어보면 7번 읽어도 질리지
않고 오히려 즐길 수 있게 된다.

좋아하는 페이지(O)	한자가 많다/그림이 많다/여성 그림이 있다/고유명사가 많다/내용이 긍정적이다(재미있어 보인다)
싫어하는 페이지(X)	그림이 적다/글의 양이 많다/내용이 부정적이다(왠지 어둡다)

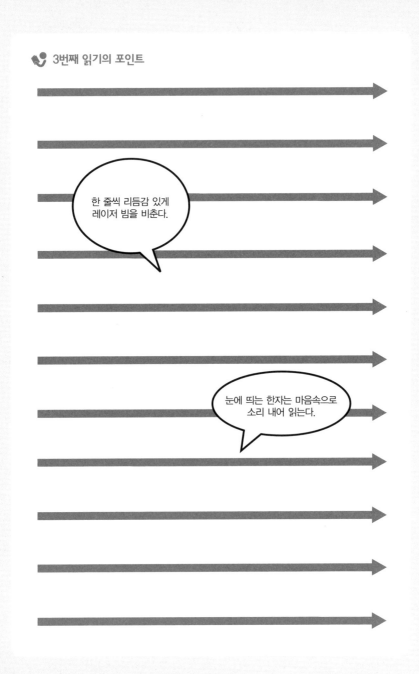

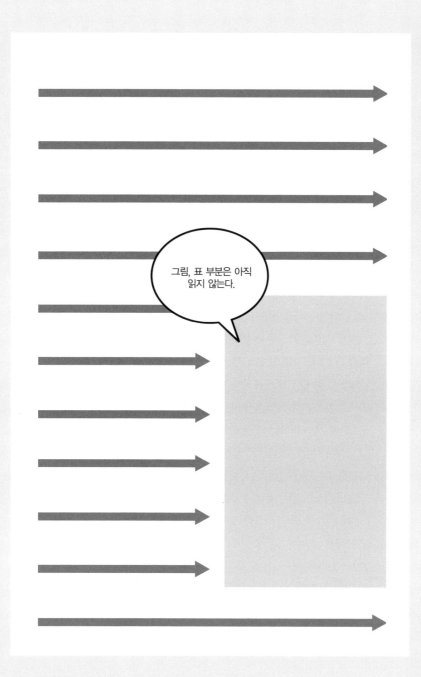

Q 2번 읽으니 벌써 질려서 3번째는 읽기가 힘들어요.

A 마음을 편히 먹고 너무 애쓰지 마세요.

3번이나 '훑어보기'를 하면 전체 구성이 파악되기 시작한다. 그러면 이후로는 대충 짐작하면서 편히 읽어나갈 수 있다.

내가 읽은 국사 교과서는 고대부터 근현대까지가 13장으로 나뉘어 있었다. 각각의 장은 다음과 같은 흐름으로 구성되어 있었다.

'① 정치 ② 민중의 생활 ③ 외국과의 관계 ④ 문화'

그래서 어떤 장을 읽을 때 문화에 관한 부분이 나오면 '이 장은 이제 곧 끝나겠구나'라고 예측할 수 있었다.

'조금만 더 하면 다음 장으로 넘어간다'라는 식으로 흐름을 짐작하면 머릿속에 긴장감이 생기기 마련이다. 그 부분을 의식해보자.

또 2번째, 3번째쯤에 나름대로 눈치를 챈 것도 있을 것이다. 예를 들어 '오다 노부나가에 대한 내용은 의외로 적네' 또는 '에도 시대보다 근현대사의 페이지 수가 많구나' 같은 사실 말이다.

그런 교과서의 전체 상이나 구성, 배치 같은 '짜임새'를 파악해두는 것도 3번째 읽기까지에서 중요한 부분이다. 그 일을 해두면 4번째 읽기부터 훨씬 편해질 것이다.

3번째 읽기까지는 내용을 기억하거나 이해하는 것이 아니라 교과서 전체의 구성을 '대강 파악'하는 정도면 충분하다. 리듬감 있게 책장을 계속 넘기는 게 중요하다고 강조한 건 그 때문이다.

의미를 파악하며 읽는다

4번째부터는 '읽는다'

—

4번째 읽기부터는 드디어 교과서를 '읽는' 단계에 들어간다. 서치라이트나 레이저 빔을 비추는 것이 아니라 3번째 읽기까지 만들어둔 토대를 기초로 일반적인 '묵독'을 한다.

4번째 읽기는 간단히 말해
리듬을 타면서 묵독하는 것이다.

4번째 읽기 방식으로는 전체 370페이지를 읽는 데 2시간 2분이 걸린다. 펼침면 양 페이지를 읽는 데 40초가 걸린다는 계산이다.

본문의 의미를 파악하면서 한 줄씩 '왼쪽에서 오른쪽으로' 읽은 다음 줄을 바꿔 처음으로 와서 '왼쪽에서 오른쪽으로' 읽는다. 3번째까지는 단어(한자, 숫자)를 잡아냈지만 4번째에는 자연스럽게 문장을 읽는 것이다.

지금까지 건너뛰었던 그림, 표 부분도 가볍게 읽는다. 하지만 이런 부분은 의미를 파악하는 데 부담이 든다. 읽고 이해하는 것이 아니라 그저 가볍게 눈으로 글씨를 따라가는 정도로만 읽자.

3번째까지의 토대가 살아난다

—

보통 책을 읽는다고 하면 3번째까지를 실천하지 않고 이 4번째 단계, 즉 묵독하는 것부터 시작하는 사람이 많다. 하지만 '7번 읽기'에서는 먼저 3번에 걸쳐 굳이 시간과 노력을 들여가며 토대를 만들어둔다. 그래서 4번째에는 무척 읽기 쉽다. 읽으면서 자연스럽게 의미가 머릿속으로 들어오는 느낌이 들 것이다.

3번째까지의 토대를 만들지 않고
갑자기 묵독부터 시작하면
지나치게 부담스러울 수 있다.

그렇다고는 해도 이 4번째 읽기에서의 이해도는 기껏해야 20퍼센트 정도다. 인물이나 간단한 단어를 묻는 문제에는 어느 정도

답할 수 있을지 모르지만 시험을 잘 치를 수 있는 수준은 아니다. 하지만 그 정도면 충분하다.

🐌 4번째 읽기의 포인트

- 그림이나 표는 눈으로 가볍게 따라간다.
- 읽으면서 문장의 의미를 파악한다.

Q 한자를 외우기가 너무 힘들어요.

A 기본적으로 가볍게 읽기만 해도 됩니다.

구술시험이 아닌 이상 한자를 '읽는 법'은 일단 시험에 나오지 않으며, 어려운 한자를 알고 있는가 하는 것도 시험의 주요 목적이 아니기 때문이다. 다만 뜻을 정확히 이해하려면 한자를 어느 정도는 알아야 한다. 그렇다 하더라도 한자에 집중할 필요는 없다.

4번째부터는 일단 한자도 같이 읽기 시작한다. 하지만 어디까지나 가볍게 읽어도 된다. 한자를 읽는 데 시간을 들이기보다 가볍게 통독하는 횟수를 늘려가는 편이 이해도를 높이는 데 훨씬 도움이 된다.

이해도를 20 퍼센트에서 80 퍼센트로

예상하면서 읽는다

—

5번째 읽기의 방법은 4번째와 마찬가지로 '묵독'이다. 전체 370 페이지를 읽는 데 1시간 58분이 걸리니 속도도 4번째 읽기와 거의 같다. 펼침면 양 페이지를 읽는 데 40초씩 걸리는 셈이다.

5번째 읽기는 일반적인 독서법으로 치면 '2번째'에 해당한다. 처음 읽었을 때보다 2번째로 읽을 때 이해도가 높아지는 것은 당연한 일이다. 그러니 읽는 방식이 같더라도 4번째 읽기보다 5번째 읽기의 이해도가 훨씬 높다.

4번째와 5번째의 차이는 다음에 읽을 부분의 내용을
조금씩 예상할 수 있게 된다는 점이다.
머릿속에서 교과서와 대화하는 듯한 느낌이 들 것이다.

'다음에는 이런 내용이 나오겠지. 역시 내 예상이 맞았어!' 와 같이 교과서와 대화를 나누면서 읽어나가는 느낌이다. 예상한다는 말을 어렵게 받아들일 필요는 없다. 예컨대 '도쿠가와 이에야스가 등장했으니, 이제 에도 시대 정치체제가 설명될 차례군. 그래, 딱 나왔잖아!' 하는 식이다. 역사 과목이지만 이미 전체적 흐름을 알고 있기에 정해진 공식처럼 다음 내용이 따라 나오는 것이다.

4번째까지는 정보를 입력하기만 했는데 5번째 읽기쯤 되면 조금씩 출력이 가능해진다. 내용을 예상하는 것이 출력의 요소이기 때문이다.

또, 4번째까지는 가볍게 훑어보기만 했던 그림, 표 부분도 5번째 읽기에서는 읽어나간다. 5번째 읽기에서 처음으로 본문 이외의 부분까지 전부 읽는다.

크게 날갯짓하는 단계

—

이 단계에서는 좋고 싫은 느낌이 더욱 명확해진다. 그림을 포함하여 페이지마다 인상이 더욱 강해지기 때문이다.

4번째에서 20퍼센트 정도였던 내용 이해도가
5번째에는 80퍼센트 정도까지 단숨에 증가한다.

1번째부터 3번째 읽기에 걸쳐 만들어둔 토대와 그것을 기초로 한 4번째의 묵독을 거쳐, 5번째는 크게 날갯짓하는 단계다.

5번째 읽기는 일반적인 독서법의 2번째에 해당한다고 앞서 이야기했다. 나의 독서법에서는 앞서 4번에 걸쳐 토대를 만들어두었기에 이해도가 비약적으로 높아진다. 1번째부터 4번째까지는 이 5번째에서 높이 날아오르기 위한 꼼꼼한 준비 단계라 할 수 있다.

이해는 되지만 아직 '재현'은 불가능한 단계

—

5번째 읽기를 끝낸 시점에는 교과서 전체 내용이 머릿속에 대략 담겨 있게 된다. 그러나 아직 시험문제를 풀기에는 부족한 수준이다. 4지선다형일 경우 4개 가운데 2개는 확실히 틀렸다는 것을 아는 정도라고 할 수 있다. 다만, 남은 2개 중 어느 쪽이 정답인지는 확실히 알지 못하는 어중간한 상태다.

일반적인 취미 수준의 독서라면 이 정도만 이해해도 충분할 것이다. 하지만 시험에서 높은 점수를 받기 위해서는 이해도 80퍼센트로는 부족하다. 어떤 부분에 어떤 내용이 적혀 있는지 거의 이해하고 있으므로, 그것을 더욱 꼼꼼히 머릿속에 입력해가면 확실한 답을 찾을 수 있다.

당연한 얘기지만, 시험장에 교과서를 가지고 들어갈 수는 없다. 그러므로 교과서가 없어도 머릿속으로 그 내용을 재현해야만 시험문제를 풀 수 있다.

교과서가 없어도 그 내용을 출력할 수 있게 하는 것이 이 공부법의 목적이자 시험공부의 핵심이다.

교과서를 소홀히 하고 문제집을 푸는 데 전념하는 사람이 많다. 이는 무척 안타까운 일이다. 교과서를 많아야 2번 읽은 정도로는 문제집을 아무리 많이 푼다고 해도 토대가 다져지지 않는다. 그래서는 정답을 맞힐 수도 없고 비효율적이기 짝이 없는 공부법이 되고 만다.

5번째 읽기의 포인트

- 4번째와 마찬가지로 묵독한다.
- 다음에 읽을 부분을 조금씩 예상한다.
- 이해도를 80퍼센트까지 단숨에 끌어올린다.

Q 교과서의 칼럼도 읽어야 하나요?

A 칼럼은 건너뛰어도 됩니다.

교과서에 따라 '칼럼'이 실려 있는 경우가 있다. 법률서에서도 흔히 볼 수 있다. 내가 접한 바에 따르면, 법률서의 칼럼은 법 개정에 대한 내용인 경우가 많다. 아마도 법률이 바뀔 경우 본문을 건드리지 않고 칼럼만 바꾸기 위해서 그런 듯싶다.

즉 칼럼은 개정될 가능성이 높은 부분이고, 사법 고시에 필요한 기초 지식을 제공하는 역할은 하지 않는다고 본다. 그래서 나는 첫 단계에서는 칼럼을 건너뛰고 읽는다.

물론 칼럼에도 의미가 있고, 배울 가치가 있는 내용이 실린다. 최신 이슈나 법률 개정에 대한 정보를 얻고 싶다면 칼럼만 집중적으로 읽어도 된다.

하지만 그것은 어디까지나 상급자에게 어울리는 이야기다. '이 정보는 왜 본문에서 다루지 않고 칼럼에 실려 있을까?' 하고 생각해보면 답이 나온다. 정말 중요한 내용이라면 본문에 포함하지 않았겠는가. 그러니 칼럼은 건너뛰고 읽어도 된다.

요령을 정리하여 머릿속에 입력한다

일반적 읽기 × 골라 읽기와 요약

—

5번째 읽기에서 이해도를 단숨에 80퍼센트까지 높이고, 남은 6~7번째 읽기에서 100퍼센트에 도달한다. 즉 이해도를 완벽하게 만든다. 이로써 시험문제에 자신 있게 답할 수 있는 수준에 이르게 된다.

6번째 읽기에서는 전체 370페이지를 읽는 데 2시간 22분이 걸린다. 펼침면 양 페이지당 약 50초로 지금까지보다 더 시간을 들여 읽는다. 이렇게 시간을 들여 읽는 이유는 80퍼센트의 이해도를 보다 완벽하게 만들기 위해서다. 구체적으로는 '일반적 읽기×골라 읽기와 요약'을 한 세트로 삼고 페이지마다 내용을 확인하며 읽어나가기 위해서다.

우선 펼침면의 왼쪽 페이지를 보통대로 한 줄씩 읽는다. 그 후 오른쪽 페이지로 넘어가기 전에 다시 한 번 왼쪽 페이지를 처음부터 가볍게 되풀이해서 읽는다. 그렇게 한 번 읽은 문장을 다시 골라 읽어 머릿속에 요약하는 것이다. 이것을 '일반적 읽기×골라 읽기와 요약'이라고 부른다.

방금 읽은 내용을 가볍게 되풀이하는 골라 읽기는
두세 줄을 한꺼번에 훑어봤던
1~2번째의 서치라이트 방식 읽기와 같은 방법이다.

요약하면서 머릿속에 입력하고 기억한다

—

골라 읽기와 요약에서 서치라이트를 비추면서 훑어볼 때는 단어와 단어를 머릿속으로 연결하면서 읽어가는 것이 핵심이다. 이 방법은 문장을 통째로 암기하는 방법과도, '포토 리딩'이라 불리는 속독법과도 다르다.

구체적으로는 '정부, 714년, 승니령僧尼令으로, 통제한다. 교기行基 스님, 압력에 굴하지 않고, 사회사업을 행하여, 존경받다' 처럼 문장을 짧게 요약해가는 것이다.

단어와 단어, 숫자와 동사를 조합하여 머릿속에 입력한다고 생각하면 된다. 그렇게 '고유명사, 숫자, 동사' 식으로 단어 간 관계를 중심으로 요약해가는 것이다.

요점은 완전히 문장화하지 않는 것이다.
기본적으로 단어 중심으로 연결해간다.

문장으로 만들면 아무래도 문장을 통째로 암기하게 된다. 하지만 통째로 암기하면 줄줄이 기억해야 해서 단어 하나가 떠오르지 않을 경우 뒷부분이 생각나지 않기 십상이다. 어디까지나 내용을 이해하기 위한 요약이므로 완전한 문장으로 외울 필요는 없다.

요약하기 쉬운 페이지와 어려운 페이지를 구별한다

—

골라 읽기와 요약을 할 때는 요약하기 쉬운 페이지와 어려운 페이지가 있다. 나는 국사 교과서의 경우 '문화'에 관련된 페이지가 요약하기 쉬웠다. 사찰이나 불상 이름처럼 특징이 있는 고유명사를 연결하기만 하면 머릿속에 쉽게 입력되기 때문이다.

개성인지 호불호에 따른 결과인지 모르겠지만 나는 단어를 골라내는 특기가 있다. 하지만 문장을 요약하는 데는 별로 소질이 없다. 특징이 있는 고유명사나 단어가 적은 문장은 장황한 설명투인 경향이 있다. 이런 문장은 요약하는 데 노력이 많이 필요하므로 좋아하지 않는다.

이렇게 6번째 읽기에서는 요약 작업을 통해
좋아하는 페이지,
싫어하는 페이지가 더욱 명확해진다.

6번째 읽기의 포인트

- 한 페이지를 우선 평소대로 읽는다.

- 다음 페이지로 넘어가기 전에 다시 한 번 서치라이트 방식으로 읽는다.

- 서치라이트 방식으로 읽으면서 내용을 요약한다.

Q 단어를 잘못 외울 때가 많아요.

A 쓰기를 추가하여 '기억의 결함'을 보완하세요.

나의 공부법에서 주의해야 할 점은 '기억의 결함'이 생기지 않도록 하는 것이다. 단어를 이미지화해서 머릿속에 입력하기 때문에 세세한 부분을 틀린 채로 기억하는 경우가 있다.

특히 한자가 그렇다. 이미지로는 남아 있지만 실제 쓰려고 하면 정확히 기억나지 않는 것이다. 이렇게 '읽기'만으로는 완벽히 기억하지 못하는 과목의 경우, '쓰기'로 기억의 결함을 보완해야 한다.

7번째 읽기

세세한 부분이 재현될 때까지
완벽을 기한다

6번째 읽기의 요약을 재현하면서 읽는다

—

6번째 읽기는 '일반적 읽기×골라 읽기와 요약'이었다. 7번째에는 반대로 '골라 읽기와 요약×일반적 읽기'로 읽는다. 읽는 방법의 순서가 바뀌었을 뿐, 방법 자체는 6번째와 같다. 370페이지 전체를 읽는 데 걸리는 시간도 2시간 18분으로, 6번째 읽기와 거의 차이가 없다. 펼침면 양 페이지를 읽는 데 약 50초가 걸린다는 뜻이다.

7번째 읽기에서는 페이지를 펼치자마자 왼쪽 페이지를 요약한다. 6번째에 요약했던 내용을 떠올리면서 두세 줄씩 서치라이트 방식으로 읽는 동시에 요약하는 것이다. 그렇게 요약한 후에는 한 줄씩 다시 한 번 읽는다.

그리고 오른쪽 페이지로 옮겨 다시 서치라이트 방식으로 읽으면서 요약한다. 그리고 다시 한 번 한 줄씩 읽는다.

7번째 읽기가 1~6번째 읽기와 크게 다른 점은
한 페이지를 읽기 전에
페이지 단위로 요약한다는 것이다.
그다음 본문을 한 줄씩 묵독하면서
바르게 요약했는지 확인하는 것이다.

잘못 기억하지 않았는지 확인하면서 묵독한다. 이 작업으로 내용을 머릿속에 완벽하게 입력할 수 있다. '기억이 확실한가?', '앗, 여기는 틀렸다!' 하면서 기억을 더듬어 확인해가며 최종적으로 기억을 정확히 바로잡는다.

1번째 읽기에서는 어렴풋하던 이미지가 각 단계를 거치면서 점점 정확한 기억으로 입력된다. 그리고 마지막 7번째 단계에서 단어, 숫자, 그림, 표까지 완벽하게 기억된다. 그러면 시험을 볼 때 교과서를 그대로 재현할 수 있게 된다.

7번째 읽기의 포인트

- 서치라이트 방식 읽기로 요약한다.

- 요약한 뒤, 묵독으로 기억을 정착시킨다.

Q 7번 읽기는 벅차요.

A '3번 읽기'로 줄여서 시작해보세요.

7번 읽기가 너무 힘들다는 사람들에게는 '3번 읽기'를 권한다. 7번은 도저히 읽지 못하겠다는 사람, 시간적 여유가 없는 사람이라면 3번만 읽어도 어느 정도 효과를 볼 수 있을 것이다.

7번 읽기는 크게 1~3번째까지에 해당하는 '훑어보기', 4~5번째에 해당하는 '묵독', 6~7번째에 해당하는 '입력'이라는 3단계로 나눌 수 있다. '도움닫기 → 달리기 → 완주'라고 이해할 수 있다.

3번 읽기의 각 단계는 다음과 같다.

1번째는 '훑어보기'다. 7번 읽기에서 2번째에 해당하는 방법이다. 우선 한 권 전체를 리듬감 있게 훑어본다. 교과서에 익숙해지기 위해서라고 생각하자.

2번째 읽기는 7번 읽기에서 4번째에 해당한다. 처음으로 묵독을 할 때와 같은 느낌이다. 그리고 3번째에는 7번 읽기에서 6번째와 같은 방법으로 읽는다. 복습과 동시에 읽고 요약하면서 머릿속에 입력해가는 것이다.

이렇게 7번 읽기에서 2번째, 4번째, 6번째에 해당하는 방법으로 읽는다. 내가 7번이나 읽는 것은 토대를 다지는 훑어보기 작업만 3번, 묵독도 한 번으로는 부족하기 때문에 4~5번째에 걸쳐 2번, 완전히 머릿속에 입력하려면 6~7번째까지 2번은 필요하기 때문이다.

능력은 사람마다 제각각이라 3번만 읽어도 7번 읽기와 같은 효과를 얻을 수 있는 이들도 있을 것이다. 7번 읽기는 어디까지나 내 경험을 토대로 완성한 방법이기 때문에 각자 자신에게 맞는 방법을 찾아보길 바란다.

'휘갈겨 쓴 공책'으로 기억력을 강화한다

6번째, 7번째에서는 글씨를 써도 된다

—

어려운 단어는 직접 써보는 것도 추천할 만하다. 시간은 걸리지만 더욱 확실히 기억에 남는다. 글씨를 쓰는 것은 6번째, 7번째 읽기에서 한 줄씩 읽을 때다. 단, 요약할 때는 글씨를 쓰지 않는다.

글씨를 쓸 때는 교과서를 손으로 잡지 말고 책상 위에 올려둔 채로 읽는다. 오른손잡이라면 왼쪽에 교과서를, 오른쪽에 공책을 두고 글씨를 쓴다.

머릿속에 떠오른 단어를 적으면서
맞는지 확인하는 것이다.

이때, 공책은 절대 보지 않는다. 시선은 교과서에 둔 채로 펜만 놀리는 것이다. 글씨가 지저분해도 상관없고 공책을 깨끗하게 정리할 필요도 없다. 이 공책은 정리하는 용도가 아니라 그저 기억하기 위해서 '휘갈겨 쓰는' 용도다. 공책을 다 쓰고 나면 버려도 된다.

또, 공책이 없다면 아무 종이에나 써도 괜찮다. '글씨를 쓰는' 작업을 통해 기억을 정착시키는 것만이 목적이므로, 필기도구도 연필이든 볼펜이든 상관없이 글씨를 쓰기 편한 것이라면 무엇이든 좋다.

이렇게 손을 사용해서 기억하면 시각과 촉각 양쪽에 기억을 입력할 수 있다. 시각만으로 기억하기보다 여러 감각을 사용하면 더욱 기억하기 쉽다.

문제집은 '7번 읽기'를 마친 뒤에

—

시험공부의 시작은 7번 읽기다. 실제로 교과서를 7번 읽어도 완벽하지 않을 때가 있다. 그럴 때는 8번, 9번 계속해서 읽어간다. 읽는 방법은 7번째 읽기와 같다.

'머릿속에서 요약하고 답을 맞혀보는' 작업을 반복한다. 그러면 요약한 내용을 굳이 확인하지 않아도 될 만큼 전체 내용에 대한 이해도가 높아진다.

이는 '답이 맞다는 사실을 이미 알 정도로' 완벽한 상태다. 도쿄대 입시나 사법 고시, 국가공무원 제1종 시험처럼 난이도가 높은 시험에서는 그만큼 높은 이해도가 요구된다.

문제집을 푸는 것은 적어도 7번 읽기를 끝낸 후부터다. 내용을 제대로 이해하지 못한 상태로 문제를 풀면 모르는 문제투성이라서 괴로울뿐더러 시간도 낭비된다.

답이 술술 나올 정도로 이해도를 높인 뒤에 문제집을 푸는 것이 합격으로 가는 가장 빠른 길이다. 그러면 문제집을 풀 때도 의욕이 나고, 무엇보다 공부하는 것이 즐거워진다.

이과 과목이 완벽해지는 7번 풀기 실천법

제6장

수학을 못해도 높은 점수를 낼 수 있다

앞서 국사 교과서를 사용하여 7번 읽기의 실천법을 자세히 소개했다. 그 방법은 사회인이 자격시험을 준비할 때는 물론, 업무적으로나 사적으로 분량이 많은 텍스트를 머리에 입력해야 할 때도 무척 유용한 방법이다.

그 방법은 이과 과목을 공부할 때도 효과적이다. 나는 전형적인 문과형 인간이라서 도쿄대 입시에서 수학이 최대의 난관이었다. 당연히 대학 입시와 도쿄대 2차 시험에도 이과 과목이 포함되어 있었고 국가공무원 제1종 시험에도 있었다. 나는 대학 입시에서 '수학Ⅰ·A', '수학Ⅱ·B', '화학'에 응시했고 도쿄대 2차 시험에서는 '수학'에 응시했다.

이 가운데 화학은 기본적으로 암기 과목이므로 7번 읽기로 공부할 수 있었다. 하지만 수학은 암기로는 공부할 수 없는 요소가 너무나 많아 그 방법으로는 해결할 수 없었다.

일반적으로 '수학을 잘하는 사람은 논리적'이라는 이미지가 강하다.

논리적이라는 것은 간단히 말해,
'A → B', 'B → C', 'C → D' 처럼
차례대로 답을 도출하는 것이다.
이 사고 과정을 여러 번 되풀이하여 머릿속에 입력한 뒤,
응용하는 것이 수학 공부의 왕도다.

실제로 내 주변의 수학 잘하는 이들은 대부분 무척 논리적이다. 특히 수학을 잘하는 이들을 보면 'A → B', 'B → C', 'C → D' 라는 기본적인 논리적 사고를 근거로 하되, 이를 초월하여 'A → D'를 도출하는 감각을 갖추고 있는 것 같다. 놀랍게도, 중간의 B와 C를 뛰어넘는 것이다.

논리적 사고력은 수학의 필수 조건이지만 정말 수학을 잘하는 사람들은 '수학적 직관'까지 갖추고 있는 모양이다.

전형적 문과형 인간인 내게는 그런 수학적 직관이란 게 전혀 없다. 그러니 'A → B', 'B → C', 'C → D' 라는 기본을 거쳐 해답을 찾는 것이 내가 할 수 있는 유일한 방법이다.

다행히 대학 입시를 위한 수학에서는 수학적 직관이 없더라도

답을 도출하기 위한 공식만 기억해두면 높은 점수를 받을 수 있다.

풀이 공식을 외워라
—

거듭 이야기하지만 나는 수학에 소질이 없다. 내게는 수학적 직관이나 감각이 전혀 없다. 그런 내가 기댈 곳은 7번 읽기를 수학에 응용한 '7번 풀기' 밖에 없다. 논리적 사고로 수학 문제를 푸는 것이 아니라 7번 풀어서 '푸는 방법을 외워버린다' 는 발상이다.

　구체적으로는 '풀이 공식'을 외우는 것이다.

　그러나 아무리 풀이 공식을 외운다고 해도 기본은 있어야 한다. 원래 수학적 감각이 없는 나로서는 풀이 과정을 살펴봐도 전혀 이해가 되지 않았다. 그래서 7번 풀기에서 5번째까지는 토대를 만드는 데 할애한다. 7번 읽기에서는 3번째까지 토대를 만들었지만, 그보다 많은 횟수를 투자하고 공들여 토대를 만드는 것이다.
　그리고 6번째, 7번째에는 실질적인 풀이 공식을 머릿속에 입력해간다. '앗, 이 공식이구나!' 하고 풀이 공식을 발견하기만 하면 자동으로 문제를 풀 수 있게 말이다.

그러려면 6번째, 7번째에서 문제에 익숙해져야 한다. 따라서 6번째, 7번째 풀기는 다양한 문제를 통해 풀이 공식을 재빨리 찾아내는 훈련이 된다.

교과서에 나오는 풀이 공식을 우직하게 외워서
내 것으로 만들어간다.

지금부터 소개할 7번 읽기의 응용법인 '7번 풀기'는 시험에서 무조건 점수를 올리는 것을 목적으로 삼겠다고 다짐하면서 만든 것이다. 이를 활용하면 나처럼 수학에 소질이 없는 사람도 시험 점수를 어느 정도 올릴 수 있게 될 것이다.

풀이법이 떠오르지 않는다면 되돌아가라
—

문제를 읽고 풀다가 도중에 막혔다면
망설이지 말고 해답을 보자.
성실하게 생각하지 않아도 된다.

수학은 풀이 공식을 순서대로 따라서 풀지 않는 한 해답에 이르지 못한다. 도중에 이해하지 못하는 부분이 있다면 다음 단계로 나아가지 못하는 것이다. 또, 아무리 어려운 문제라도 순서를 따라 이해해가다 보면 해답에 도달할 수 있다.

> 수학 문제가 풀리지 않는다면
> 분명 바로 앞 단계에서 뭔가를 빠뜨린 것이다.
> 그러니 해답을 보고 풀이 공식을 순서에 맞게
> 제대로 외우는 것이 중요하다.
> 이 점이 7번 읽기와 크게 다르다.

문과 교과서를 7번 읽기 할 때는 읽다가 되돌아가지 않는다. 이해가 잘 안 되는 부분이 있더라도 일단 건너뛰고 다음에 읽을 때 이해하는 편이 효율적이기 때문이다. 국사의 경우, 만약 에도 시대 초기에서 잘 이해되지 않는 내용이 있더라도 그것이 근현대사에서 중요한 위치를 차지하는 것은 아니다. 시대마다 다른 사안이 핵심이기 때문이다.

하지만 7번 풀기에서는 이해가 잘 안 되는 부분은 '되돌아가서' 외우는 것이 효율적이다. '이 문제를 어떻게 풀었더라?' 하고 막히면, 곧바로 기본으로 되돌아가는 것이다.

7번 풀기의 비결을 파악했으니 그 구체적인 방법을 알아보자.

기본 해설과 예문만 가볍게 훑어 읽기

우선 본문의 구성을 파악한다

—

수학 교과서는 전체적으로 어떻게 구성되어 있는지를 파악해두는 것이 대전제이며 무척 중요하다. 읽는 방법을 단계별로 바꿔갈 필요가 있기 때문이다.

국사 과목이라면 역사적 흐름이나 앞뒤 맥락이 있기 때문에 교과서를 처음부터 순서대로 읽어나가야 한다. 그러나 수학은 각 단원 사이에 특별한 관련이 없다. 즉 좋아하는 내용부터 시작해도 되니 단원별로 7번 풀이하는 것이다.

물론 계산이나 인수분해 같은 기초적인 지식은 이미 갖추고 있다는 것을 전제로 한다. 영어를 공부할 때 알파벳을 읽고 쓸 줄 알아야 한다는 것과 마찬가지다.

문장으로 된 해설 부분과 예제를 읽는다

—

수학 교과서에는 주제별로 우선 '기본 해설'이 있고, '예제'를 거쳐 '연습문제'와 '응용문제'를 풀게 되어 있는 네 단계 구성이 일반적이다.

전체를 파악하기 위해 1번째에는 '기본 해설'과 '예제' 부분을 서치라이트 방식으로 읽는다. '예제'의 해답을 생각하려 하지 말고 처음부터 해답을 읽는다.

1번째이므로 가볍게 훑어보기만 해도 된다. 내용을 이해할 필요는 없다. 공식이나 진한 글씨처럼 눈에 띄는 곳을 우선 훑어보기만 한다. '연습문제'는 읽지 않는다. 일단 토대가 되는 '기본 해설'과 '예제'를 파악하는 것이 목적이기 때문이다.

수식은 '형태'로 인식한다

—

국사와 수학 교과서의 큰 차이는 수식이 많이 등장한다는 점이다. 수식은 애초에 머릿속으로 읽기에 적합하지 않다. 그러니 무리해서 묵독하려고 하면 시간이 상당히 걸린다.

예를 들어 다음과 같은 수식은 소리 내어 읽어봐야 아무런 의미가 없다.

$$f'(a) = \lim_{h \to a} \frac{f(b) - f(a)}{b - a}$$

수식은 '형태'를 훑어보면 된다.
너무 어렵게 생각할 필요 없이
그저 하나의 형태로 인식하는 것이다.

'f′가 뭐지?', 'lim이라니? 아래쪽에 b와 a는 또 뭐야?' 하고
생각하면 안 된다.

$$\frac{f(1+h) - f(1)}{(1+h) - 1} = \frac{(1+h)^2 - (1+h) - 0}{h} = \frac{h^2 + h}{h} = h + 1$$

위의 수식은 '등호(=)'로 연결된 4개의 '형식'으로 구성되어 있
다고 파악할 수 있다. 그러니 우선 '등호'로 구분하여 크게 4개의
형태로 나눠보자.

그 4개의 형태를 각각 분석해보면 또 작은 형태로 구성되어 있
다. 예를 들면 다음과 같다.

$$(1+h)^2$$

　이 형태는 마치 하나의 숫자처럼 이 수식에 여러 번 등장한다. 이 점이 이 수식의 포인트다. 이것을 전체적으로, 어렴풋하게 형태로 인식하면 된다.

　수식이라는 것은 익숙해지면 의외로 형태가 정돈되어 있다는 사실을 알 수 있다. 수식을 낱낱이 해체하여 1과 h를 따로 파악하자면 끝이 없다. 논리적으로 따지려 하지 말고 형태로 인식한다.

　수식을 형태로 파악하기 위해서는 국사 교과서를 읽을 때와 마찬가지로 책장을 넘기는 시간을 정해두고 리듬감 있게 훑어본다. 수식이 많고 글씨가 적기 때문에 원래대로라면 국사 교과서보다 빨리 훑어볼 수 있을 것이다.

1번째보다 좀더 꼼꼼히 훑어본다

본문 전체를 레이저 빔 방식으로 읽는다

—

2번째는 1번째보다 시간을 2배 정도 들인다. 레이저 빔 방식 읽기, 즉 '왼쪽에서 오른쪽으로 읽고, 다음 줄 왼쪽으로 돌아가 왼쪽에서 오른쪽으로 읽는' 방법이다.

읽는 부분은 1번째와 마찬가지다. '기본 해설'과 '예제'의 공식이나 진한 글씨로 된 부분을 중심으로 본문 내용의 의미를 파악하면서 읽는다. 이 단계에서도 절대로 공식을 묵독하지 말고 형태로 인식하며 읽는다.

만약 도중에 잘 이해되지 않는 부분이 있다면
되돌아가도 괜찮다.

'예제'는 풀이에서 진한 글씨로 되어 있지 않은 부분이라도 모두 읽는다. 풀이의 흐름을 파악하는 것이 목적이다.

이어지는 '연습문제'와 '응용문제'는 1번째와 마찬가지로 2번째에도 읽지 않는다. 일단 '기본 해설'과 '예제'까지를 제대로 파악하는 것이 목적이기 때문이다.

수식 외의 문장에 요점이 숨어 있다

—

수학 텍스트를 읽을 때 주의해야 할 점이 있다. 그것은 '숫자나 수식 외에 글자로 쓰인 문장을 소홀히 하지 않는 것'이다. 특히 진한 글씨나 빨간 글씨로 된 문장은 확실히 파악하도록 한다. 수학 공부를 할 때는 수식에만 눈이 가기 십상이다. 하지만 글자로 된 문장에 요점이 숨어 있는 경우가 종종 있다.

수학에는 독특한 표현이 존재한다.
그 표현에 익숙해지는 것도 2번째 풀기의 목적이다.

예를 들어 다음과 같은 문제가 있다고 하자.

곡선 $y=f(x)$ 위의 점 $A(t, f(t))$에서
접선의 기울기가 -1일 때, t의 값을 구하시오.

'곡선', '점', '값' 정도는 이해할 수 있을지도 모른다. 그렇다면 '접선의 기울기'란 무엇인가? 바로 이해가 되지 않는 사람도 많을 것이다. 이것이 수학의 독특한 표현이다.

그런데 그 밑에 이렇게 쓰여 있다.

> 점 A에서 접선의 기울기는 미분계수 $f(t)$와 같다.

즉 '접선의 기울기=미분계수' 다. 이것을 알아두면 문제의 지문에서 '접선의 기울기'라는 표현이 나왔을 때 그것이 '미분계수'를 의미한다는 사실을 알 수 있다.

수학이라 하더라도 이렇게 글자로 된 부분이 포인트인 경우가 종종 있으므로 주의해야 한다.

'쓰기' 작업을 시작한다

공식이나 진한 글씨를 쓰면서 읽는다

—

3번째부터는 앞의 7번 읽기와 큰 차이가 있다. '쓰기' 작업에 들어가는 것이다.

교과서 이외에 공책을 준비한다. 만약 공책이 없다면 복사 용지라도, 전단 뒷면이라도 괜찮다. 어쨌든 '글씨를 쓰기 위한 종이'를 준비하자. 수식의 형태를 기억하기 위해서 휘갈겨 써가는 것이다. 쓰고 난 종이는 바로바로 버려도 좋다.

3번째 단계에서도 텍스트를 모두 적지는 않는다. 공식이나 진한 글씨로 되어 있는 부분만 빠르게 적는다.

단, 눈은 교과서에 고정하고
글씨를 쓰는 손을 보지 않는 것이 기본 규칙이다.

텍스트를 레이저 빔 방식으로 읽으면서 동시에 공책을 보지 않은 채 적어나가는 것이다. 그러면 공책은 낙서를 했나 싶을 정도로 지저분해진다. 하지만 그래도 괜찮다. 나중에 다시 읽기 위해서가 아니라 수식을 머릿속에 입력하기 위해서 쓰는 것이니 그 목적만 달성하면 된다.

난이도를 의식하면서 읽는다

—

3번째에서 쓸 부분은 2번째와 마찬가지로 '기본 해설'과 '예제' 뿐이다. '연습문제'와 '응용문제'에는 아직 손을 대지 않는다.

'기본 해설'을 확인했다면
'예제'의 풀이를 적는 작업을 반복한다.

우선 '기본 해설'을 확인하고, 다음으로 '예제'의 풀이를 외운 뒤, '연습문제'와 '응용문제'로 나아간다. 기본 개념을 익히고 점차 난이도를 높여가는 흐름이다. 이렇게 구성상의 특성을 알고 있다면 공부할 때 마음이 편안해진다. 단계를 따라 전체를 섭렵해간다고 여기면 정신적인 부담이 상당히 줄어든다. 구성상의 특성 중에도 특히 난이도의 변화를 의식하면서 읽어가면 더 효과적이다.

예제의 풀이법을 외워 연습문제에 도전한다

예제의 풀이를 외운다

—

7번 읽기에서는 3번째까지가 토대를 만드는 작업이었다. 도움닫기를 끝내고 4번째부터는 드디어 달리기에 돌입했다. 하지만 7번 풀기에서 4번째는 아직 토대를 만드는 단계다. 그래서 여기서부터는 '연습문제'에 착수한다.

우선 3번째와 마찬가지로 '기본 해설'과 '예제'를 레이저 빔 방식으로 읽은 뒤, '연습문제'를 풀어나간다. 연습문제를 푼다고는 하지만 문제를 갑자기 푸는 것이 아니다. '해답' 페이지를 펼치고 풀이를 그대로 따라 적는 것이다.

해답을 적으면서 머릿속으로 '그렇지, 맞아 맞아!' 하고 이전 단계에서 이해한 바를 확인하면서 풀이의 흐름을 따라간다. 이 시점에서 '왜?'라는 의문이 떠오른다면 '기본 해설'이나 '예제'로 되돌아가는 게 좋다.

문제는 적지 않고 해답만 적는다

—

4번째에는 '예제'와 '연습문제'의 해답을 모두 적는다. 단, 문제는 적지 않는다. 해답만을 모두 적는 것이다.

　이때, 도중에 수식을 건너뛰지 않고
'통째로 적는다'는 점을 유념하자.

　수학 교과서의 해답 수식에 쓸데없는 부분은 없다. 그러므로 'A → B', 'B → C', 'C → D'라는 논리를 생략하지 않고 적는 것이다. '이건 아까 푼 문제와 풀이 방식이 같네' 같이 문제의 의도를 파악하는 것이 4번째 풀기의 목표다.

　5번째 이후로는 문제도 적으면서 풀게 된다. 그런데 4번째에서 문제를 한 번 읽어두면 그 흐름을 이해하게 되어 이후 단계에서 머릿속에 입력하기 쉬워진다.

예제의 풀이법과 연습문제를 적는다

하염없이 적는다

—

5번째에도 모든 문제의 해답을 순서대로 적어나간다. 4번째에 이어 적는 작업인 5번째는 7번 풀기 가운데 가장 부담이 되는 단계다. 여기서는 참을성을 발휘해야 한다.

같은 문제라는 사실을 깨닫는다

—

5번째는 해답을 적으면서 의식적으로 풀이 방법의 공식을 이해하려고 노력하자. 수식이 등호로 연결되면서 점점 해답에 가까운 형태로 변해가는 문제를 예로 들어보자. 그 등호가 왜 등호가 되어가는지 이해하면서 적는다. '왜 이 수식이 등호로 이어질까?', '등호와 등호 사이에 어떤 작업을 했나?' 등을 의식하면서 적으면 효과적이다.

대부분의 수식은 다음의 요소를 포함한다.

- 공식을 알지 못하면 이해할 수 없는 부분
- 수학적 이해가 필요한 부분
- 단순 계산인 부분

적으면서 '여기는 공식이네', '여기서는 수학적 이해가 약간 필요하군', '여기서부터는 단순 계산이야' 하고 의식하면서 적도록 하자.

그리고 단순 계산인 부분은 적지 말고 건너뛴다. 정확히 계산할 수만 있으면 되기 때문이다. 알기 쉬운 예로 텔레비전 요리 방송의 한 장면이라고 생각해보자. "이 상태에서 10분간 졸이면 됩니다"라고 말하고는 미리 준비해둔 요리를 보여준다. 이와 마찬가지로 단순 계산은 충분히 할 수 있으니 건너뛰어서 시간을 단축시키는 것이다.

단순 계산인 부분을 가려낼 수 있게 되면
수식을 읽기가 상당히 편해진다.

5번째에는 적는 양이 많기 때문에 시간이 걸릴뿐더러 가장 수

고로운 부분이기도 하다. 하지만 이 단계를 극복하면 앞에서 본 성장곡선에서 이해도가 70~80퍼센트 수준까지 상승할 것이다.

기본을 확인하고 응용문제에 도전한다

기본을 확인하고 토대를 다진다

—

6번째 풀기는 다음의 두 단계로 나뉜다.

- 지금까지 다져온 기본을 확인한다.
- '응용문제'에 도전한다.

우선은 지금까지 다져온 기본을 확인한다. 공책을 준비해서 외운다. 이때 4번째, 5번째처럼 '연습문제'의 해답을 모두 적을 필요는 없다. 3번째와 마찬가지로 '기본 해설'과 '예제'의 공식이나 진한 글씨 같은 요점만 적으면서 확인해간다. 요점만을 파악하면서 풀이 방법의 흐름을 머릿속으로 암송한다고 생각하면 된다.

이제 문제의 지문을 읽으면 '맞아, 이 방법이었지' 하고 풀이 방법의 공식을 머릿속에 재현할 수 있게 될 것이다. 그래서 6번째는 요점만 적고 나머지는 떠올리기만 하는 것이다. 이는 지금까지

다져온 기본을 확인하는 작업이다.

'응용문제'에 도전한다

—

지금까지 다져온 기본을 확인하는 작업은 비교적 빨리 끝날 것이다. 그리고 나서는 드디어 지금까지 건너뛰었던 '응용문제'에 도전한다.

이 단계에서는 '이것은 극한값 문제네', '이건 미분계수구나' 하고 문제를 보자마자 알아챈다 하더라도 완전히 자신의 힘으로 풀지 않는 것이 중요하다.

자신만의 풀이 방법이 아니라
효율적이고 잘 정리된 해답을 외우는 것이 중요하다.

그래서 공책에 그 해답의 요점만을 적는다. '응용문제'는 처음이라 해답을 전부 쓰려면 부담이 크기 때문이다.

거듭 이야기하지만 수학에서 점수를 올리는 포인트는 풀이 방법의 공식을 외우는 것이다. 시험 당일에 문제를 읽고 얼마나 빨리 풀이 공식을 고를 수 있는가 하는 점이 문제 풀이의 80퍼센트를 좌우한다고 해도 과언이 아니다. 그래서 다양한 문제를 접하고 경험을 쌓아서 문제에 익숙해져야 한다.

스스로 문제를 풀지 말고 곧바로 해답을 보는 게 그 때문이다. '이 문제는 이런 방법으로 푸는구나' 하고 풀이 공식을 효율적으로 경험하기 위해서다.

모든 문제를 풀어본다

문제만 읽고 풀이 방법을 메모한다

—

마지막 7번째에는 6번째에서 외운 풀이 방법의 공식을 확인한다. 모든 '연습문제'와 '응용문제'를 풀어보는 것이다.

우선 문제를 읽는다. 그리고 이번에는 해답을 보지 않고 스스로 풀이 방법의 공식을 떠올린다. 그러면서 혼자 힘으로 공책에 중요한 수식만을 써나간다.

6번째까지의 과정을 통해 '이 문제의 풀이 방법은 확실히 이거야!' 하는 기억이 남아 있을 것이다. 7번째는 그것을 확인하는 작업으로, 문제 풀이 능력을 완벽에 가깝게 만든다.

강점은 공략하고
약점은 수비한다

제7장

자신의 신념을 굽히지 마라

—

나는 도쿄대 입시에서 1등을 노리지는 않았지만 무조건 상위 500명인 합격자 안에 드는 것을 목표로 했다. 극단적으로 말하면 설령 0점을 받는 과목이 있더라도 전 과목의 총점으로 상위 500명 안에만 들면 목표를 달성하는 것이다.

교과서를 7번 읽어서 내용을 거의 완벽하게 머릿속에 입력하고 그것을 출력할 수 있게 하는 것이 내 공부법의 본질이다. 이 공부법이 만능일 수는 없기에 혹시라도 생각만큼 점수를 받지 못하는 과목이 있더라도 어쩔 수 없다고 마음을 가다듬었다.

대학 입시에서 내가 선택한 과목은 국어, 영어, 수학, 사회(국사, 지리, 윤리), 과학(화학)이었다. 이 가운데 영어와 국어(현대문학) 두 과목은 7번 읽기를 해도 성적이 좀처럼 오르지 않았다. 그래서 이 두 과목은 못해도 어쩔 수 없다고 생각했다. 대신, 다른 과목에서 만점을 받으면 된다. 합격이냐 불합격이냐의 기준은 총점이기 때문이다.

특히 현대문학은 교과서를 아무리 읽어도 시험에 크게 도움이 되지 않는 과목이다. 교과서에 실려 있는 문장이 그대로 시험에 출제되면 모를까, 그럴 가능성은 극히 낮기 때문이다. 실제로 시험지를 받아보면 대개가 처음 보는 문장투성이다.

그렇게 처음 보는 문장을 토대로 '밑줄 친 부분에서 필자가 말하고자 하는 바는 무엇인가?'를 찾아야 하기에 사전 지식은 그다지 도움이 되지 않는다. 어떤 면에서 볼 때 현대문학은 실전에서 임기응변으로 판단해야 하는 요소가 큰 과목이다. 참고로 같은 국어 과목이라도 고전문학과 한문은 공부한 만큼 성과가 나오는, 나의 특기 과목이었다.

현대문학에서 높은 점수를 받으려면 7번 읽기 공부법과는 다른 공부법이 필요했을 테지만 그 한 과목을 위해 다른 새 공부법을 익히는 것은 효율적이지 못하다고 판단했다. 그래서 현대문학에서 받지 못한 점수는 다른 과목에서 만회하자는 전략을 짠 것이다.

그렇게 각오를 다질 수 있었던 것은 '7번 읽기로 확실히 점수가 나오는 과목이 있다'는 자신이 있었기 때문이다. 잘 못하는 과목에서는 수비를 하고 잘하는 과목을 집중해서 공략하면 된다. 다시한 번 강조하지만, 대학 입시는 총점으로 판가름나는 시험이다.

잘하는 분야를 찾아라

—

내가 생각하는 합격으로 가는 코스는 이렇다.

우선 자신이 좋아하는 과목을 철저히 공부해본다.

▼

그러면 자신에게 맞는 공부법이 어떤 건지를 알게 된다.

▼

그 공부법으로 못하는 과목에 임해본다.

▼

같은 공부법을 적용해보면 잘하는 과목과 못하는 과목을 알게 된다.

▼

잘하는 과목을 키운다. 즉 못하는 과목에 시간을 들이지 않는다.

▼

못하는 과목은 잘하는 과목으로 만회한다.

7번 읽기 공부법을 고수하는 이유는 내가 읽고 기억하는 데 소질이 있어서다. 공부뿐만 아니라 인생 그 자체를 두고도 똑같이 말할 수 있을 것이다.

'잘하는 분야를 찾아내고 집중하는 것'이
능력을 극대화하는 길이다.

공부의 틀을 다른 과목에 응용하라

———

앞서 이야기한 합격 코스를 구체적으로 설명하고자 한다. 나는 원래 사회 과목을 좋아했기 때문에 사회를 철저히 공부했다. 그러다가 교과서를 반복해서 읽는 공부법이 내게 잘 맞는다는 사실을 알게 되었다.

이번에는 그 공부법을 내가 못하는 과목인 수학에 응용해보았다. 교과서에 실린 문제를 스스로 풀지 않고, 반대로 해답을 먼저 읽어서 그 문제의 풀이 공식을 외워나갔다. 그러자 잘 못했던 수학에서도 꽤 점수가 나오는 게 아닌가! 교과서를 반복해서 읽는 공부법은 형태를 약간 바꾸면 수학에도 적용할 수 있다는 사실을 깨달았다.

그렇지만 수학이 다른 과목에 비해 부족하다는 사실은 변하지 않는다. 수학을 잘하는 사람은 처음 보는 문제라도 머릿속에서 논리적인 사고를 거쳐 해답을 내놓을 수 있다. 하지만 내게는 그런 수학적 감각이 없다. 그래서 해답을 외운다는 역발상에 이르렀다. '수학은 잘 못하는 과목'이라고 단정 짓고 점수를 조금이라도 올리는 데 전념한 것이다.

잘하는 분야를 깊이 파고들어라

—

대학 입시를 본 뒤, 도쿄대 2차 시험에서 선택한 과목은 국어, 영어, 수학, 사회(국사, 지리)였다. 윤리와 화학을 제외하면 입시 때 시험 과목과 같다.

단답식인 입시와 달리 2차 시험은 전 과목이 논술식으로 이루어진다. 여기서는 부분 점수를 얼마나 받느냐가 합격을 좌우한다. 문제에 완벽히 답하지 못하더라도 답에 부합하는 부분이 있으면 점수를 받을 수 있는 방식이기 때문이다.

나는 입시에서만 치르는 윤리와 화학 그리고 잘 못하는 현대문학과 영어에는 다른 과목에 비해 노력을 들이지 않았다. 앞서 말했듯 잘하는 과목을 철저히 공부해서 잘 못하는 과목을 만회하기로 한 것이다.

2차 시험인 논술식 시험에서는 '알고 있는 것', '생각하는 것'을 제대로 출력하는 능력이 요구된다. 완벽히 답할 수 없다 해도 아는 만큼은 제대로 출력해야 한다. 그래야 1점이라도 더 높일 수 있다.

단답식 시험의 답은 O 아니면 ×이고, 답이 틀리면 아예 점수를 받지 못한다. 그러나 논술식 시험에서는 지식이 깊을수록 부분 점수를 따낼 가능성도 높아진다.

도쿄대의 2차 시험에는 내 공부법이 안성맞춤이었다. 예컨대 역사적인 인물이나 사건 등을 철저히 익혔을 뿐 아니라 역사의 흐름을 머릿속에 입력해두었기에 그 과정을 출력하면서 확실히 점수를 높일 수 있었던 것이다.

약점은 발상의
전환으로 극복한다

제8장

잘하는 것을 기준으로 삼아라

내가 고등학교 3학년 5월 무렵 입시공부를 시작했을 때의 일이다. 수학 과목을 공부하기 시작했는데 교과서 내용이 머릿속에 전혀 들어오지 않았다. 문과형 인간인 나는 원래 수학에 소질이 없었다. 그때 새삼스레 '역시 나는 아무리 해도 수학의 벽을 넘어설 수 없구나…' 하고 뼈아픈 깨달음을 얻었다.

그래서 우선 잘하는 사회 공부를 시작하고 수학 공부를 뒷전으로 돌렸다. 잘하는 사회 공부로 자신감을 쌓았다. '사회는 잘하니까 수학을 못해도 만회할 수 있겠어'라고 생각하니 불안이 사그라졌다.

게다가 7번 읽기를 수학에도 응용해보고는 풀이 공식을 착실히 외우면 점수를 벌 수 있겠다는 자신이 생겼다. 점차 내 능력에 맞는 돌파구가 보이기 시작했다. 실제로 그 방법으로 꾸준히 공부를 했더니 수학 점수도 안정되어갔다. 평균 깎아먹는 과목이었는데, 일단 합격점 수준까지 점수가 오르더니 그 뒤로는 신기하게도 점수가 떨어지지 않고 유지되었다.

'못하는 것을 어떻게든 극복해서 실력을 기르자'라고
생각하는 사람이 많다.
하지만 잘하는 분야를 키우는 데 집중하는 편이
훨씬 자신감도 커지고 효율적이다.

내 경험에 비추어 봐도, 잘하는 것을 기준으로 삼았을 때 못하
는 것도 그럭저럭 실력이 붙게 되었다.

약점 극복을 고집하지 마라
—

누구에게나 못하는 분야가 있는 법이다. 그리고 못하는 분야를 극
복하는 데는 고통이 수반된다. 정말 안타까운 사실은, 시간을 들
여 극복하려고 해도 그에 걸맞은 성과를 내기가 어렵다는 것이다.
마지못해 하는 것은 그 자체로 괴로울뿐더러, 바로 그 때문에 더
좋은 성과로 이어지지 않는다.

그러니 못하는 분야를 극복하겠다고 고집할 필요가 없다. 못하
는 것에 시간을 들이기보다 잘하는 것에 시간을 더 투자하는 편이

효율적이다. 그래야 얻을 수 있는 성과가 더 커진다.

잘하는 분야를 갈고닦아 높은 점수를 받아서,
못하는 분야를 만회하는 편이 훨씬 간단하다.

예를 들어 현재 시점에서 잘하는 국사가 80점, 못하는 현대문학
이 50점이라고 하자. 국사 점수 80점을 유지한 채 현대문학을 70점
으로 올리는 경우와 현대문학은 50점인 채로 두고 국사에 공을 들
여 100점을 받는 경우를 비교해보자. 어느 쪽이 더 쉽겠는가? 총점
은 같더라도 당연히 후자가 즐겁고 실현 가능성 또한 높을 것이다.

강점을 키워 효율성을 높여라
—

못하는 현대문학의 실력을 기르기 위한 공부와 잘하는 국사 실력
을 더 높이기 위한 공부를 놓고 보면, 후자가 효율적이라는 건 누
가 봐도 당연하다. 더욱이 현대문학이 70점 수준인 학생은 많지만
국사가 100점인 학생은 한 반에 한 명 정도밖에 없다. 그것이 자신
감으로 이어지기도 한다. 그래서 잘하는 과목을 키우는 게 성과가
크다는 얘기다.

못하는 것은 현상 유지만 하면 된다고 정해두고
잘하는 데 완벽을 기하는 것이
내 사고방식의 바탕에 깔려 있다.

애초에 잘하는 것을 키울 때가 의욕을 유지하기도 쉽다. 못하는 것은 할 때도 즐겁지 않고 고통스럽기까지 하다. 그런 고난에 맞서는 정신을 부정하는 것은 아니다. 하지만 시험에 합격한다는 목표를 달성하기 위해서는 항상 효율을 추구해야 한다.

물론 어느 정도 괴로움을 극복할 각오는 필요하다. 잘하는 것이라도 앞서 다뤘듯 정체기나 슬럼프가 찾아오기 마련이니까. 그럴 때라도 어차피 괴로움을 겪어야 한다면, 못하는 것으로 괴로움을 더하기보다 잘하는 것에서 극복하는 편이 쉽다. 괴로움의 차원이 다르기 때문이다.

튀어나온 부분을 찾아라

—

지금까지의 이야기를 이해하기 쉽게 레이더 차트로 표현하여 설명해보겠다.

과목별 득점을 레이더 차트로 표현한다고 할 때 모든 과목이 만

점이라면 '커다란 원'이 된다. 하지만 시험의 난이도가 높다면 그런 결과를 얻기는 무척 어려울 것이다. 두루두루 비슷하다면 '작은 원형'이 될 것이다. 그런데 보통은 어떤 과목은 점수가 높지만 다른 과목은 그렇지 않아서 어느 쪽으로 편중된 모양이 되기 쉬울 것이다.

레이더 차트에서 움푹하게 들어간 부분이 아니라
튀어나온 부분에 주목하는 것이 중요하다.
즉 잘하는 부분을 특화해서 실력을 길러가는 것이다.

⬇ 앞으로의 인재상은 '작은 원형(왼쪽)'보다 '편중형(오른쪽)'이 될 것이다.

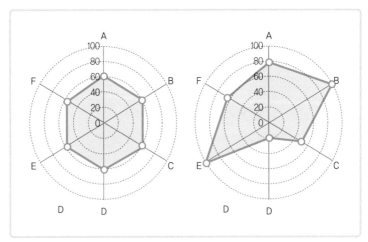

앞으로 사회는 제너럴리스트보다 스페셜리스트를 더욱 필요로할 것이다. 무엇이든 그럭저럭 평균적으로 잘하는 '작은 원형' 인간이 아니라 잘하는 것과 못하는 것의 편차가 심한 '편중형' 인간쪽이 각광받을 것이다.

다른 이의 몫까지 보충하라

이는 나 자신이 사회에 나와서 실감하고 있는 점이기도 하다. 못하는 분야의 일까지 전부 직접 관여하기보다 그 분야를 잘하는 사람과 협력하여 일하면 절대적으로 효과가 좋다. 게다가 그 사람에게 일하는 방법을 배울 수도 있어 일석이조다.

과거에는 '못하는 것일지라도 노력해서 직접 한다' 는 암묵적인전제가 있었던 듯하다. 못하는 분야조차 어떻게든 극복하는 것이미덕으로 여겨졌다. 차트로 보면, 작기는 해도 평균적인 원형을그리는 제너럴리스트가 요구되어왔다.

하지만 지금 세상에서는 그와 다르다. 또한 앞으로의 사회는 더다를 것이다. 실제로 '한 곳이 튀어나온 편중형 인간' 이 요구되는세상으로 변화하고 있다. 혼자서 하는 일은 점점 줄어들고 팀을이뤄 서로를 보완하며 업무를 하는 빈도가 높아진 시대다. 따라서

'어딘가 튀어나온 사람', 즉 특정 분야 스페셜리스트의 가치가 높은 시대다.

고생하는 만큼 성과가 나오지 않는 '못하는 일'은 그것을 잘하는 누군가에게 맡기면 된다. 대신 자신이 잘하는 일이 있다면 다른 이의 몫까지 할 정도로 성과를 내면 된다. 이것이야말로 내가 확립한 공부법이 실제 사회에서도 통한다고 말할 수 있는 점이다.

평균점이 아닌 최하점에 주목하라

—

공부 이야기로 돌아가서, 자신이 잘하는 분야를 알고자 할 때 주의해야 할 점이 있다.

평균점이 아니라 최하점에 주목해야 한다는 것이다.

모의고사를 보고 영어 점수가 전에는 70점, 이번에는 90점이었다고 하자. 두 번의 점수를 더해서 2로 나누고 '영어 점수는 80점'이라고 하다면, 그것은 틀린 분석이다. 이 경우의 영어 점수는 70점이다.

나는 고등학교 3학년 때, 처음 본 정치·경제 과목 시험에서 95점

을 받았다. 나는 한껏 들떠서 '내가 정치·경제에 소질이 있구나'
하고 생각했다. 하지만 그다음 모의고사 점수는 75점이었다. 두
번의 점수를 평균하면 85점이지만, 나는 75점이라고 판단했다. 왜
냐고? 그렇게 해야만 최악의 사태에 대비할 수 있기 때문이다.

도쿄대에 합격하려면 최악의 컨디션에도 총점으로 상위 500명
안에 들어야만 한다. 그래서 각 과목의 최하점을 기준으로 최악의
사태를 상정하면서 전략을 짠 것이다.

'이유는 모르겠지만 점수가 잘 나왔다' 라고 한다면,
그것은 어디까지나 '요행'이라 할 수 있다.
이유가 명확하지 않은 좋은 결과를 자신의 실력이라고
착각하는 것은 사실 가장 위험한 일이다.

에도 시대 검술의 달인 마쓰라 세이잔은 "승리에 이상한 승리는
있으나 패배에 이상한 패배는 없다"라는 명언을 남겼는데, 나도
전적으로 동의한다. 참고로 모의고사에서 정치·경제 과목 95점
을 받은 것이 우연이었다는 사실을 깨달은 나는 대학 입시에서 그
과목을 선택하지 않았다.

또, 시험을 치른 뒤에 결과가 좋은지 나쁜지 짐작할 수 없다면
상당한 초보라 할 수 있다. 정말 실력을 갖추었다면 자신의 성적

이 어느 정도일지를 대강 짐작할 수 있다. 이 수준에 도달해야만 자신이 잘하는 것과 못하는 것을 판단할 수 있게 된다.

강점은 전략적으로
더 강화한다

제9장

사법 고시에 적중한 7번 읽기 공부법

—

내가 도쿄대 2학년 때 공부를 시작해서 3학년에 시험을 치렀던 사법 고시 이야기를 하려 한다.

초등학생 때부터 품어왔던 국가공무원이라는 꿈을 이루기 위해서 도쿄대에 입학했지만, 국가공무원 제1종 시험공부는 대학교 3학년 때부터 시작하는 것이 좋겠다고 판단했다. 4학년이 되어야 국가공무원 제1종 시험을 치를 수 있다고 생각했기 때문이다.

그래서 대학교 2학년 때는 1년 동안 사법 고시 공부를 하기로 했다. 사법 고시에 합격한 국가공무원은 드물지 않다. 국가공무원은 행정부 소속이지만 실질적으로 법안 대부분을 그들이 작성하고 있다. 그래서 사법 고시에 합격해두면 장래에 분명 도움이 되리라고 생각했다.

시험을 준비하다 보니 사법 고시가 사회 과목 시험 같다는 걸 알게 됐다. 그래서 사법 고시야말로 나의 7번 읽기 공부법에 딱 들어맞는다는 생각이 들었고, 자신감이 솟았다.

7번 읽기에 맞는 교재를 선택하라

—

우선은 사법 고시용 교과서를 고르는 데서부터 시작했다. 관련서가 많이 갖춰진 대형 서점에서 책들을 하나하나 펼쳐보고 읽기 쉬운지, 나와 궁합이 맞는지 음미했다. 최종적으로 선택한 것은 대형 자격시험 입시학원의 교과서였다. 이 책을 고른 이유는 각 과목이 가장 잘 포괄되어 있어서 한 권에 집중하여 공부하는 나의 7번 읽기 공부법에 안성맞춤이었기 때문이다.

사법 고시의 기술시험 과목은 헌법, 민법, 민사소송법, 형법, 형사소송법, 상법 6개다. 대학 2학년 4월부터 읽기 시작해서 6월에는 전 과목을 한 차례 통독했다. 그 뒤로는 기출문제를 풀거나 모의고사를 보면서 나의 현재 실력을 파악했다. 그와 동시에 학원 교과서를 읽으며 부족한 지식을 점점 메워갔다. 이 방법으로 공부를 계속하니 내가 성장곡선의 어느 부분에 있는지를 알게 되었다. 이 또한 도쿄대 입시를 준비하던 때와 마찬가지다.

일정 시점에 이르자 정체기가 와서 성적이 오르지 않게 되었다. 하지만 그것은 반드시 넘어야 할 벽이라는 사실을 경험으로 알았기에 좌절하지 않았다. 공부법에 흔들림 없이 교과서를 반복해서 읽어나갔다.

그렇게 대학 3학년 7월에 사법 고시 논술식 시험을 보고 합격을 거머쥐었다.

읽기, 쓰기, 듣기, 말하기 중 잘하고 못하는 것

—

읽기, 쓰기, 듣기, 말하기. 사람의 능력에는 이렇게 네 가지 측면이 있다. 사람은 저마다 잘하는 것과 못하는 것이 있는데 나는 읽는 것을 잘하고 좋아한다. 그래서 7번 읽기 공부법을 실천하고 있는 것이다.

앞서의 네 가지 능력을 크게 두 가지로 분류하면 읽기, 듣기는 '입력', 쓰기, 말하기는 '출력'에 해당한다. 나는 입력에 뛰어나므로 그것을 최대한 활용해서 공부하고 있다.

한편, 사법 고시에서는 논술식 시험을 돌파하면 그다음에는 구술시험을 치러야 한다. 나는 읽기에 비해 말하기에 소질이 없다. 이것은 초등학교 1학년 때의 작은 트라우마 때문이다.

초등학교 1학년 때 학부모 참관 수업이 있었다. 그 수업에서 선생님이 반 전체에 "여름과 겨울의 차이는 무엇일까요?" 하고 질문

했다. 수업 참관에 온 어머니들 앞에서 나는 자신만만하게 "저요!"
하고 손을 들고는 이렇게 대답했다.

"같은 두부라도 여름에는 히야얏코(찬 두부에 간장과 양념을 곁들여 먹
는 음식-옮긴이)로 먹고, 겨울에는 유데도후로 먹어요."

'유도후(두부를 살짝 데쳐 양념장을 찍어 먹는 음식-옮긴이)'를 '유데도
후'라고 잘못 말한 것이다. 나는 틀렸다는 사실을 깨닫지 못한 채,
무척 대답을 잘했다고 자신만만했다. 그런데 교실이 순간적으로
무척 어색한 분위기에 휩싸였다. 그 분위기는 나에게 이렇게 말하
고 있었다. "마유, '유도후'를 '유데도후'라고 잘못 말했어!"

그 어색한 분위기 탓에 나는 내가 잘못 말했다는 사실을 깨달았
다. 사소한 일이었지만 어린 나에게는 잊을 수 없는 상처였고, 이
후 내내 트라우마로 남아 나를 괴롭혔다.

그 이후로 '발언을 하면 손해를 본다'는 부정적인 감정이 내 안
에 새겨져서 발언하길 주저하게 되었다. 지금은 어느 정도 극복했
지만, 그래도 말하는 데 소질이 없다는 생각은 아직도 떨치지 못
했다.

이 마음의 상처는 내게 오랫동안 악영향을 미쳤다. 특히 놀라운
건, 사법 고시 구술 모의고사를 치를 때 갑자기 그때 일이 되살아
났다는 것이다. 뜻밖의 상황에 두려움을 느낀 나는 생각한 바를
제대로 말하지 못하고 시험관 앞에서 눈물을 뚝뚝 흘리고 말았다.

초등학교 1학년 때의 트라우마가 아직도 마음 깊은 곳에 남아 있다는 사실에 무척 놀랐다.

지금까지 내 인생에서 일상적인 회화를 제외하면 출력할 때는 쓰기만으로도 충분했다. 입시에서도 말하는 능력은 시험받지 않았고 면접 또한 없었다. 쓰는 능력은 논술시험 등으로 시험받았고 말이다. 그래서 그때까지 나는 말하는 능력에 크게 관심을 두지 않았다.

"쓸 수 있다면 말할 수도 있지 않아?"라고 말할지도 모르지만 꼭 그렇지는 않다. 읽기, 쓰기, 듣기, 말하기라는 능력 중에서도 각자 잘하는 것과 못하는 것이 있다는 것을 나는 분명히 알고 있다.

입·출력의 편차를 자각하라

———

읽기, 쓰기, 듣기, 말하기라는 능력에 5점 만점으로 점수를 매겨 나를 평가하면 '읽기=5', '쓰기=3', '듣기=4', '말하기=1'이 된다. 읽기, 듣기 같은 입력은 점수가 높은 반면, 쓰기, 말하기 같은 출력은 점수가 낮다. 즉 '내 능력은 입력에 편중되어 있다'고 스스로 평가하고 있다.

쓰기 점수도 중간 이상으로 보고 있긴 하지만, 내가 잘하는 것은 입력한 정보를 그대로 베끼듯이 쓰는 것이다. 창조적으로 문장을 만들어 쓰는 데는 소질이 없다. 그건 말하기도 마찬가지다. 실제로 대학을 졸업하고 재무성에서 일하기 시작한 뒤로 못하는 출력을 상당히 요구받는 바람에 무척 당황스럽기도 했다.

사회에 나가서도 출력, 특히 잘 못하는 '쓰기'와 '말하기'를 완전히 피해 갈 수는 없다. 다만 말했듯이, 나의 기본 전략은 '잘하는 분야를 공략하고 못하는 분야를 수비하는 것'이다. 전체로써 합격점을 넘으려는 전략을 세우려면, 자신의 능력과 편차를 진단해보는 것도 필요하다.

피할 수 없다면 이겨라

—

대학 시절에는 모든 수업을 녹음하여 그것을 받아 적어서 독자적인 교과서를 만들었다. 그것을 10번 읽고(입력하고) 성적을 내서 수석으로 졸업할 수 있었다.

그런데 사회에 나오니 학생 때처럼은 되지 않았다. 무엇보다 시간이 충분치 않았다. 내 생각엔 이제 80퍼센트 정도 입력한 것 같은데, 출력을 해야 하는 상황이 이어졌다. 꿈꾸던 국가공무원이 되었다는 점은 기뻤지만 솔직히 너무나 힘든 일이었다.

업무상 일대일로 교섭을 하거나 사람들 앞에서 발표를 해야 하는 경우도 생겼다. 말하는 것에 소질이 없는 내가 일을 해나가기 위해 말하는 능력을 높여야만 하는 상황에 몰린 것이다.

결국 말하는 능력을 높이기 위해서 마음을 다잡았다. 전문 강사에게 말하는 방법을 배우기로 한 것이다. 말하는 방법을 가장 기초부터 배웠다. 업무상 발표를 해야 하는 경우가 있으면 집에서 예행연습을 했다. 내 목소리를 스마트폰이나 녹음기로 녹음해서 들어보길 반복했다.

노력한 보람이 있었던지 말하는 것에 대해 이전만큼 못한다는 자격지심은 갖지 않게 되었다. 하지만 사전에 내용이 정해져 있지 않은 자유 발언은 여전히 서툴다.

못하는 과목은 현상 유지인 채로 잘하는 과목의 능력을 길러 전체로써 합격 수준을 넘는 것이 공부에서는 유리한 전략이었다. 하지만 말하는 능력에 관해서는 실제 사회생활을 하는 이상 피해 갈 수만은 없었다. 못하는 것을 극복하기 위해서는 엄청난 노력을 해야 했지만, 그래도 이때만큼은 못하는 것에 정면으로 도전해본 셈이다.

못하는 것은 잘하는 것으로 만회하라

—

나는 잘하는 것을 공략하고 못하는 것은 수비한다는 시험 전략을 사회에 진출한 뒤에는 형태를 바꿔 활용하고 있다. 즉 말하기를 잘 못하는 만큼 다른 사람의 이야기를 잘 듣는 자세를 취하기로 한 것이다.

잘나가는 영업사원은 말을 잘하는 것이 아니라 다른 사람의 말을 잘 듣는 사람이라고 하는데, 바로 그 방법이다. 대화나 교섭을 하는 시간 가운데 내가 말하는 것은 20퍼센트 정도로 하고, 나머지 80퍼센트는 상대의 이야기에 귀를 기울인다.

의식적으로 듣는 역할을 자처하게 된 이후로 뜻밖의 효과를 실감하고 있다. 상대가 윗사람일 경우 특히 효과적이다. 원래 사람은 자기 이야기를 잘 들어주는 상대에게 좋은 인상을 가지기 마련이다. 특히 윗사람들은 더더욱 그렇다.

말했다시피 나는 시험관 앞에서 아무 말도 하지 못한 채 눈물을 뚝뚝 흘린 경험이 있다. 그 정도로 말하기에 소질이 없다. 그런데 사회에 나온 뒤로는 그것을 역으로 이용하는 전략을 세웠다.

발표와 같이 자신이 거의 일방적으로
이야기하는 경우는

사전에 준비를 확실히 해두고,
일대일 교섭 업무라면 철저히 듣는다.

이 전략으로 나의 약점 분야를 보충해가고 있다. 이것 역시 시험공부에서 배운 노하우다. 자신이 잘하는 것과 못하는 것을 명확히 자각해두면, 사회에 나와서도 분명히 도움이 된다.

입력을 강화는 방법

—

내 쓰기 능력에 대한 자기평가는 3점이었지만 이것은 읽고 입력한 것을 베끼듯 쓴다는 의미에서의 쓰기 능력이다. 창조적으로 문장을 쓰는 데는 소질이 없다. 기초가 되는 교과서가 있고, 그것을 읽고 입력한 것을 써서 출력한다. 이것이 나의 특기이므로 시험공부를 할 때 철저히 추구했다.

도쿄대 입학 후 정기 시험에서도 교과서를 읽고 입력하여 그것을 시험용지에 적어서 출력하는 작업을 통해 결과적으로 수석을 차지했다. 다만, 도쿄대에서는 교과서가 있는 수업과 없는 수업이 있었다. 교과서가 있는 수업은 그 교과서를 7번 읽기 공부법으로 실천한다. 대신 교과서가 없는 수업은 앞서 말했듯 녹음을 해서 수업에서의 음성을 그대로 모두 옮겨 적는다. 감탄사까지 몽땅 포함해서 말이다. 그렇게 독자적으로 교과서를 만들었다.

그런 다음 그 교과서로 7번 읽기 공부법을 실천했다.

앞서 이야기한 도쿄대의 명물 '시험용 복사본'을 사용하는 학생들도 있었다. 시험 때가 가까워지면 수업 내용을 누군가가 정리한 복사본이 나돌고, 그것을 입수해서 시험공부를 하는 것이다.

나는 그 복사본을 사용해본 적이 없다. 수업 내용을 정리한 적도 없다. 수업 시의 음성을 녹음해서 옮겨 적기 때문에 수업을 들을 때 애써 필기를 할 필요가 없었다.

도쿄대의 논술시험에 필요한 것은 시험용 복사본으로 정리된 단편적인 정보만이 아니었다. 세세한 정보를 빠짐없이 입력해두고, 그것을 시험에서 출력할 수 있게 해두는 것이었고 이는 효과적이었다.

출력을 강화하는 방법

―

하지만 수업 중에 필기를 하지 않고 멍하니 있으면 교수님에게 수업에 열의가 없다는 잘못된 메시지를 전달할 수도 있다. 그러니 메모 정도의 필기는 필요하다.

가끔 동급생들이 공책을 빌려달라고 했는데 그때마다 나는 메모한 것도, 녹음을 옮겨 적은 것도 모두 빌려주었다. 하지만 결국은 도움이 되지 않았던 듯하다. 한쪽은 너무 간단하고 한쪽은 너무 자세해서 그런 것 같다.

한편 시험용 노트 정리를 잘 하는 학생의 성적은 대략 중상위권이다. 그런 학생들이 만든 공책은 무척 깔끔하고 요점이 잘 정리되어 있어 감탄사가 나올 정도였다.

하지만 공책을 깔끔하게 정리하다 보면 그 과정에서 정보가 떨어져 나간다. 그에 비해 수업 내용을 전부 적으면 그만큼 힘들기는 하지만 양적인 측면에서 압도적으로 우월하다.

'쓰기' 라는 출력 작업은
시험 답안지에 하는 것이었기에,
그 준비 단계일 뿐인 필기는 필요성을 느끼지 못했다.

시험 답안지에 답을 적을 때 의식한 것은 그 과목의 담당 교수다. 내 생각에 답안지는 '교수님께 보내는 러브레터' 였다.

시험문제는 반드시 교수님이 수업에서 가르쳐준 부분에서 나온다. "잘 듣고 있었어요! 잘 이해하고 있습니다!"라는 메시지가 잘 전해지도록 답안을 적으려고 노력했다.

쓴다는 행위는 감사나 배려 같은 자신의 기분을 상대에게 전하는 것이기도 하다. 그 덕분에 졸업 때까지 162학점을 통틀어 '우' 성적을 받고 수석으로 졸업할 수 있었다고 생각한다.

집중력을 최고로
끌어올리는 법

제10장

'더는 못 하겠다!' 라는 생각이 들 때까지

—

7번 읽기 공부법에서 가장 중요한 것은 집중력이다. 하지만 대부분 사람은 한계에 달할 때까지 집중해본 경험이 없을 것이라고 생각한다.

사람이 가장 집중할 수 있는 것은 정말 궁지에 몰렸을 때다. 나자신이 그랬다. 사법 고시를 볼 때, 궁지에 몰린 나는 '더는 못 하겠다' 싶을 정도로 집중력을 발휘했다. 사회인이 된 지금도 당시를 떠올리면 "그때에 비하면 양반이지" 소리가 절로 나온다. 그 정도로 나 자신을 극한으로 몰아붙인 무척 귀중한 경험이었다.

대학교 3학년 7월, 사법 고시의 논술식 시험을 치렀다. 합격 발표는 같은 해 10월이었고, 합격 발표 2주 뒤에 마지막 관문인 구술시험이 기다리고 있었다. 합격 발표를 기다리지 않고 논술식 시험을 치르자마자부터 구술시험 준비를 시작할 수도 있었다.

그런데 나는 합격 여부도 알지 못하는 채로 구술시험을 준비하기 시작하면 분명 불합격할 것이라는 생각에 사로잡혔다. 괜히 부정 탈까 봐 조심했다. 나는 평소에 미신을 꽤 믿는 편이어서 '그렇게 앞서 가면 시험의 신이 토라진다'고 생각했다. 그래서 구술시험 공부는 전혀 하지 않은 채로 10월을 맞이했다.

미신 덕분이었는지 논술식 시험에 합격했다. 그러나 구술시험까지는 2주밖에 남지 않았다. 사법 고시에서 논술식 시험까지의 합격률은 당시 2퍼센트 정도였다. 그에 비해 그다음 단계인 구술시험에서는 90퍼센트가 합격한다. 많은 수험생은 구술시험을 앞두고 이렇게 생각했을 것이다. '여기까지 왔으니 이제 걱정할 것 없어.' 하지만 말하기에 소질이 없다는 의식이 강했던 나는 '나야말로 구술시험에서 불합격하는 10퍼센트에 들고 말 거야'라고 확신하고 부정적인 기분에 휩싸여 있었다.

극한의 집중 체험을 경험하라

—

거기서부터 내게는 악몽 같은 2주간이 시작되었다. 논술식 시험 합격 발표부터 구술시험까지 2주 동안은 지금까지의 내 인생에서 가장 궁지에 몰렸던 시기다.

이 2주 동안은 집 밖으로 한 발짝도 나가지 않았다. 수면은 하루에 3시간. 식사와 목욕, 삿포로에 사는 엄마와 통화하는 10분을 제외하고 하루 19시간 30분을 모두 구술시험 공부에 투자했다.

잠과 싸우려고 대야에 찬물을 담아 발을 담그고,
2주 동안 공부에만 빠진 채 하루하루를 보냈다.

열흘 정도 지났을까. 어디선가 동요 〈반딧불의 빛〉의 멜로디가 들려왔다. 매일 10분으로 정해두었던 엄마와의 통화, 그 유일한 휴식시간에 말이다. 나는 전화기 너머 엄마한테 물었다.

"이런 시간에 누가 노래를 부르는 거야?"

내 말에 엄마는 이렇게 되물었다.

"무슨 소리니? 나는 안 들리는데…"

나에게만 들리는 동요의 멜로디. '이것이 환청이라는 건가…' 하는 생각이 들었다.

그런 환청은 구술시험이 끝날 때까지, 정확히 말하면 면접실에 들어가기 직전 대기실에 있을 때까지 계속됐다. 돌이켜보면 그것이 내게는 '극한의 집중 체험'이었다고 할 수 있다.

집중력의 한계를 확인하라

—

나는 '환청이 들릴 정도로 집중하라'라고 말하고 싶은 것이 아니다. 집중력의 한계가 어느 정도인지를 체험하고 확인해두면 귀중한 척도가 된다는 말을 하고 싶은 것이다.

앞서의 경험을 통해 나는 '하루에 3시간 수면을 취하고 19시간 30분 공부에 집중해도 2주 동안은 끄떡없다'는 사실을 체험했다. 동시에 '그 이상은 절대로 안 된다'라는 사실도 몸으로 배웠다.

'여차하면 그 정도까지는 집중할 수 있다'는
나름의 지침을 실전 경험으로 알게 된 것이다.

그러자 마음에 여력이 생겼다고나 할까. 예전 같으면 궁지에 몰렸을 수준의 일이어도 여유를 갖고 처리할 수 있게 되었다. 내가 몰린 궁지의 한계가 점점 낮아지는 느낌이다.

자신의 집중력의 한계를 아는 것은 중요하다. 하루 19시간 30분 동안 공부하는 방법을 추천하는 것은 결코 아니다. 다만 한계까지 자신을 몰아붙이는 경험을 해두면 인생의 폭이 넓어진다는 건 꼭 말해주고 싶다.

가장 집중할 수 있는 환경을 만들어라

자신이 집중할 수 있는 '장소'에 대해 이해해두는 것도 중요하다. 내가 시행착오를 거쳐 깨달은 사실은 내 방에서 가장 집중이 잘 된다는 것이다.

고등학교 시절 학교 교실, 도서관, 패밀리 레스토랑 등 세 곳에서 공부를 해보고 어디에서 가장 집중이 잘 되는지 시험해본 적이 있다. 하지만 어느 곳에서도 집중하기가 어려웠다. 나는 주위에 사람이 있는 환경에서는 집중하지 못한다는 사실을 깨달았다. 가장 좋은 곳은 내 방이었다. 내 방에서 공부할 때가 가장 집중이 잘 되고 효율이 높아졌다.

그런데 문제가 하나 있다. 그것은 언제든지 누울 수 있다, 즉 잘 수 있다는 점이다. 공부에 지치면 금세 침대의 유혹에 넘어가서, 정신을 차려보면 침대에서 잠들어 있기가 일쑤였다.

그래서 나는 아침이 되면 침대 매트리스를 방 밖으로 치워버렸다. 그렇게 되니 침대에 누우려면 매트리스를 되돌려놓아야 했다. 귀찮아서도 그렇게 하는 일이 거의 없었다. 그 덕에 무의식중에 침대에 눕는 버릇이 없어졌다. 이렇게 자신이 최대한 집중할 수 있는 환경을 갖추기 위해 환경을 알맞게 바꾸는 것도 필요하다.

내 집중력의 특성을 파악하라

—

음악을 들으며 공부하면 집중이 잘 되는지 시험해본 적이 있는데 우리말로 된 음악을 들으면 절대로 집중할 수 없었다. 가사를 이해하고 머릿속으로 따라 부르게 되는 통에 교과서를 읽는 작업에 방해가 되었기 때문이다. 외국 음악이라면 그나마 낫지만 불필요한 정보가 유입된다는 점에서는 마찬가지여서 집중하기가 어려웠다.

가사가 없는 클래식, 특히 박자가 빠른 피아노곡이라면 긴장감이 높아져 집중력도 높아지지 않을까 싶어 시험해본 적이 있다. 하지만 이것 역시 내게는 집중하는 데 방해가 되었다.

한 번은 엄마가 이런 말씀을 하셨다. "잡담하는 사람이 주위에 있으면 집중이 잘 되는 사람도 있는 모양이더라." 그래서 가족이 텔레비전을 보고 있는 거실에서 공부를 해보았다. 하지만 이 방법도 집중에 방해만 됐다.

결론적으로, 나는 무엇이 됐든 불필요한 정보가 들어오면 집중력이 떨어진다는 것을 알았다. 그래서 조용한 내 방에서 공부하는 것이 집중하기에 가장 좋은 방법이라고 확신했다. 이후 도쿄대 입시, 사법 고시, 국가공무원 제1종 시험 모두 내 방에서 공부하는 것이 기본이 되었다.

물론 이것은 나의 경우다. 사람에 따라 도서관이나 카페에서 공부를 하거나 음악을 들으면서 공부하면 집중이 잘 되는 이들도 있을지 모른다. 어느 쪽이든 실제로 여러 가지를 시험해보고 자신이 가장 집중할 수 있는 환경을 찾는 것이 중요하다.

가장 적합한 휴식 패턴을 찾아라

중학생 때, '아침에 일찍 일어나서 공부하는 것'과 '밤늦게까지 공부하는 것'도 시험해본 적이 있다. 그 결과, 나는 야행성 인간이라는 사실을 깨달았다. 아침 일찍 일어나면 '오늘은 지금부터 꽉 채워서 쓸 수 있다' 하는 생각이 들어 여유를 부리다가 긴장이 풀어지곤 했다. 몇 번이나 해봤지만 아침에는 도저히 집중이 되지 않았다.

휴식을 취하는 타이밍에 대해서도 여러 가지로 시험해보았다. '몇 시가 되면 쉰다'고 시각으로 정하는 것이 좋을까, 아니면 '몇 시간 공부하면 쉰다'로 시간을 정하는 것이 좋을까 같은 시행착오를 거쳤다.

그 결과 내게 가장 알맞은 주기는 '1시간 공부하고 5분 휴식하는 것'이었다. 처음에는 '1시간 공부하고 10분 휴식하는 것'으로 해보았는데 내게 10분 휴식은 너무 길어서 시간을 주체하지 못했다. 그렇게 1시간 공부하면 5분 휴식을 취하고, 휴일에는 오후 3시가 되면 '간식 휴식'을 넣는다는 기본 패턴이 정립되었다.

그러나 이것은 학생 시절의 이야기다. 사회인이 된 지금, 일을 하면서 내가 최소한으로 지키는 것은 '1시간 일한 뒤에는 눈으로 스트레칭을 한다'라는 휴식 사이클이다. 눈의 피로를 풀어주기 위해 눈을 모으거나 굴리는 것이다.

공부나 일을 할 때 능률을 높이기 위해서는 강약 조절이 중요하다. 그러므로 의식적으로 규칙적인 휴식을 취하는 것이 효과적이다.

자신만의
스위치를 켜는 법

제11장

노력의 스위치를 켜는 장소를 마련하라

내게는 '노력의 스위치'를 켜는 장소가 있다. 그것은 삿포로에 있는 우리 집 2층, 내 방 창가다. 그 방은 중학교 시절까지 사용했는데, 그 방 창문에서 바라보는 경치는 이웃집도, 밤하늘도 어렸을 때와 변함이 없다.

나는 고향 집에 가면 2층에 있는 내 방 창가에 서서 그 경치를 바라보곤 한다. 그리고 그때 노력하고 있는 것, 목표로 하는 것에 관해 기도를 한다.

대학교 3학년 때도 그랬다. 5월 골든위크 때 고향 집에 갔는데, 당시는 사법 고시 단답식 시험과 논술식 시험이 코앞으로 다가온 때였다. 내 방 창가에 서서 무사히 시험에 합격하게 해달라고 빌었다.

그다음으로 그 방을 찾았을 때는 시험을 본 뒤였다. 지금 창문 앞에 서 있는 나와 나중에 같은 창가 앞에 설 나. 그 사이는 내가 노력해야 하는 시간이라고 정하고, 스위치를 켠다.

매일의 생활에 닻을 내려라

—

고등학교 시절부터 신세를 진 요코하마의 할머니 댁에도 나만의 스위치를 켜는 장소가 있다. 그것은 불단이다. 외출 전과 귀가 후, 나는 매일 돌아가신 할아버지께 향을 올렸다. 실은 내가 노력의 스위치를 켜기 시작한 계기가 바로 이것이었다.

향을 올리면서 나는 생각한다. '오늘은 시험이다. 귀가해서 향을 올릴 때는 시험 결과가 머릿속에 있겠지.' 그렇게 잠시 서 있으면 노력의 스위치가 켜져서 집중력이 단숨에 높아지는 기분이 든다. 항상 집중하고 살기란 불가능하다. 그렇기에 '언제부터 언제까지는 최대한 집중해서 노력한다' 라고 시간을 정해두는 것이다.

내 나름대로 표현해보자면
그것은 '닻' 을 내리는 것과 같다.
노력의 스위치가 있는 장소에 설 때면
지금의 나를 생각하고
다음에 방문할 나 자신을 상상한다.
그러면 매일의 생활에 닻을 내렸다는 기분이 들어
매일의 생활에 저절로 긴장감이 생겨난다.

패턴을 정해서 스위치를 켜라

—

스위치를 켜는 데는 징크스도 중요하다고 생각한다. '이것을 만지면 길하다', '이것을 해두면 괜찮다' 같은 상투적인 행동의 순서, 즉 반복적인 패턴을 정해두면 스위치를 켜는 리듬이 생긴다.

나는 공부나 일을 할 때, 금방 스위치를 켜는 방법을 찾아냈다. 길한 부적, 설탕을 듬뿍 넣은 따뜻한 우유를 담은 머그컵, 그리고 아날로그 손목시계를 준비한다. 집이라면 줄곧 사용해오던 전기 스탠드를 켜면 완성이다.

의자에 앉아 손목시계로 시각을 확인하고 나면, 그 이상은 쓸데없는 동작은 하지 않고 금세 공부나 일에 착수한다. 자동차 운전석에 앉자마자 시동을 거는 것이라고 생각하면 딱이다.

시각을 확인하는 것은 '지금부터 1시간 공부하면 5분 휴식'이라는 나의 휴식 사이클이 있기 때문이다. 알람이나 스톱워치 등은 사용하지 않는다. 예전부터 아날로그 손목시계를 써왔다.

아날로그 손목시계는 3분의 1쯤 지났다거나 반을 넘었다는 것을 바늘의 움직임만으로 한눈에 파악할 수 있다. 디지털시계라면 그런 시각적 효과가 수반되지 않고 숫자를 머릿속에서 정보로 처리해야 하기 때문에 사용하지 않는다.

또 탁상시계가 아닌 손목시계를 사용하는 것은 항상 몸에 지니고 있어서 익숙하기 때문이다. 시험장이나 업무 장소에서 사용하는 것과 같은 시계를 사용하면 좋다.

이렇게 나만의 패턴을 정해두면 스위치를 즉시 켤 수 있게 된다.

징크스를 활용하라

—

앞서 말했듯, 나는 종종 미신을 믿는다. 소심하고 겁 많은 성격이라는 이유도 있지만 미신이 집중력의 닻을 내리는 것으로도 이어지기 때문이다.

예를 들면 고등학교 시절에는 '돌멩이'를 늘 몸에 지니고 다니면서 중요한 시험을 보기 전에 그 돌멩이를 만지곤 했다. 그러면 스위치가 켜지는 것이다. 모의고사 결과나 시험 합격 발표도 반드시 그 돌멩이를 만지면서 확인했다.

이런 돌멩이 같은 부적이 언제까지나 똑같은 것은 아니다. 나쁜 일이 일어났을 때 버리기 때문이다. 휙 내던져버리고 새로운 부적으로 바꾸는 것이다. 그러면 이런 효과도 덤으로 얻을 수 있다.

'나쁜 일은 오래된 돌멩이와 함께 어디론가 사라졌다'고 여기고 자신을 책망하지 않는다.

그렇게 정해두면, 나쁜 일이 생겨도 질질 끌지 않고
재빨리 기분을 전환할 수 있다.

'신사에서 받아온 부적'을 지니고 다닌 때도 있었다. 그런 때는
자신이 노력하는 모습을 보여주는 것이 중요하다. 그러면 가장 힘
을 내야 할 때 부적의 신이 분명히 도와줄 것이다. 그런 생각을 담
아 회사 책상에도 올려두고 '나를 지켜봐 줘!'라고 말하며 일하고
있다.

나는 그 밖에도 이런 미신을 믿고 있다.

- 시험 전에 시험장에서 특정 브랜드의 초콜릿을 먹는다.
- 까마귀의 날개를 보면 좌우의 검지를 10번 교차시킨다.
- 검은 고양이가 가로질러 가면 반드시 반대로 가로지른다.

아마도 지금이 어느 시댄데 이런 미신 같은 걸 믿느냐고 생각할
지도 모른다. 하지만 나는 예상치 못했던 일이 발생해도 이런 미
신으로 사전 작업을 해두면 잘 이겨낼 수 있다.

집중력을 높이려면 닻을 내리는 것이 중요한데, 이런 미신들이
엄연한 닻의 역할을 해내기도 한다.

기한을 외적 요인으로 이용해 설정하라

집중력을 높이려면 기한을 설정하는 것도 중요하다. 사법 고시 구술시험을 준비할 때 나를 한계까지 몰아붙일 수 있었던 것도 2주라는 촉박한 기한이 있었기 때문이다. 시험 같으면 시험일이라는 명확한 기한이 정해져 있지만 몇 개월, 상황에 따라서는 1년이 넘는 훗날의 기한일 때도 있다. 그렇게 시간이 길어지면 목표를 향해 집중력을 유지하기가 무척 힘들어진다.

또 업무적으로 보면, 한 사람이 여러 안건을 담당하고 있는 경우도 적지 않다. 그러므로 내 나름대로 각 단계에서 어느 정도 세세하게 기한을 설정해두어야 한다.

도쿄대 입시나 사법 고시에서는 거의 1개월 단위로 모의고사를 치렀다. 그렇게 해서 매달 나에게 기한을 설정했던 셈이다.

어쩔 수 없는 외적 요인을 기한으로 이용하면 편리하다.

자신의 내적 요인만으로 기한을 설정하기란 꽤 어려운 일이다. 아직 먼 시험일을 거꾸로 계산해서, 예를 들면 '하루 50페이지씩 교과서를 읽자'라고 정한다고 해보자. 그게 얼마나 지켜질까? 얼마 안 가 슬그머니 원칙을 바꿔버리거나 없던 일로 하기 쉬울 것이다.

너무 가혹한 기한을 설정하고 그것을 지키려고 하는 것도 좋지 않다. 공부나 업무 자체의 균형을 해칠 위험이 있어서다. 그래서 공부라면 모의고사를 기한으로 생각하는 것이다. 기한은 외적 요인에 의해 정하는 편이, 압박이 커지기는 해도 실행하기에는 편하다.

기한을 타인과 공유하라

—

기한은 다른 누군가와 공유하면 지키지 않을 수가 없다. 이것은 특히 사회인이 되면 통감하게 된다. 업무상 기한은 자신만의 문제가 아니다. 관련된 회사 동료나 거래처에도 영향을 미친다.

나는 기한을 사전에 스스로 선언한다. 일테면 다음과 같다. "다음 주 월요일까지는 이 자료를 작성해서 전달하겠습니다." 그렇게 상대에게 얘기하고 나면 기를 써서라도 지킬 수밖에 없다.

말하지 않고 실행하기보다 말한 것을
반드시 실행하는 편이 일을 완수하기 쉽다.

또는 준비가 되지 않았더라도 미리 미팅 일정을 정해버리기도 한다. 그리고 이때도 다음과 같이 선언을 해버린다. "그날까지 관련된 자료를 준비해두겠습니다."

혼자서 완수하는 일이라면 기한을 넘기더라도 별다른 문제가 없을지 모른다. 하지만 기한을 타인과 공유하면, 그것이 심적 압박으로 작용한다. '약속을 지키지 않으면 무책임하다고 생각하겠지?', '이걸 못해내면 야무지지 못하다고 여길 거야' 같은 사고를 작동시킨다. 그것만으로도 집중하게 되는 동기부여 효과가 있다.

일을 하면서 자격시험 등의 공부를 할 때는 스터디에 참가하는 것도 효과적이다. 인터넷으로 검색해보면 자신이 목표로 하는 자격시험의 스터디 그룹을 쉽게 찾을 수 있을 것이다. 거기서 같은 목표를 가진 사람들이 노력하는 모습을 직접 보고 좋은 자극을 받고, 또 자신도 다른 사람에게 좋은 자극을 줌으로써 서로가 발전할 수 있다.

집중력을 기르기 위해서 중요한 것은
닻을 내리는 것이다.
닻이라는 표지를 내려두었기에
평탄한 일상에 긴장감이 생겨나는 것이다.

시험 합격을 위한
시간 활용의 기술

제12장

세세한 스케줄은 짜지 마라

—

나는 매일의 세세한 스케줄을 짜지 않는다. 여기서 말하는 스케줄은 업무나 공부에 관한 것이다. 업무라면 회의나 미팅 같은 시간은 자연히 스케줄이 짜인다. 그것 이외에 자신만의 스케줄은 매일 아무리 세세하게 짜더라도 지키지 못하는 때가 많을 것이다.

스케줄을 자세히 짜는 대신,
나는 매일의 일정한 패턴을 설정해둔다.
매일 정해진 시간에 정해진 행동을 하는 것이다.
중학교 시절부터 현재에 이르기까지
이 패턴은 크게 변하지 않았다.

물론 회사원이라면 불규칙한 일이 끼어드는 경우도 있을 것이다. 하지만 '몇 시가 되면 밥을 먹고 몇 시가 되면 목욕을 한다'라는 대략의 틀은 바뀌지 않도록 하고 있다.

이 이야기를 들은 친구들은 "아침에 일어나서 갑자기 바다에 놀러 가거나 하는 일은 없어?" 하고 묻는다. "그런 일은 절대 없어"라는 것이 나의 대답이다. 그러면 "그런 인생, 답답하지 않니?" 하는 질문이 되돌아온다.

나는 그다지 답답하지 않다. 아침에 일어나 갑자기 '바다에 놀러 가야지' 라면서 패턴을 깨는 게 오히려 내게는 커다란 고통이다. 나는 바다에 놀러 가려면 사전에 예정해두어야 직성이 풀리고, 그래야 불안함을 느끼지 않는다.

내게는 패턴으로 리듬을 유지하는 것이 행복하지만, 친구들은 그렇지 않은 듯하다. 행복을 느끼는 대상이나 방법은 사람마다 다르기 마련이니, 저마다 자신에 맞추어 추구하면 된다고 생각한다.

효과적인 휴식을 취하라

―

의식적으로 닻을 내리는 것은 효과적이다. 앞서 소개했듯이 '1시간 공부하고 5분 휴식' 이라는 기준도 그렇지만 식사시간도 내겐 닻이 된다.

고등학교 시절부터 살았던 할머니 댁에서는 식사시간이 정해져 있었다. 시기에 따라 조금 바뀌기도 하지만 기본적으로 1년 내내 같은 시간대였다. 아침은 6시 30분, 점심은 정오, 저녁은 7시였다.

쉬는 날에 집에서 공부하고 있을 때는 이렇게 식사가 시작되는 시각이 닻이 되어, 예컨대 점심을 먹은 뒤에는 '저녁을 먹을 때까지 집중하자'라고 기분을 새롭게 할 수 있었다.

이처럼 다음 닻이 없으면 금세 해이해진다. 그러면 긴장감이 떨어지고 집중력을 잃게 된다. 특히 시험을 앞둔 시기에 아침에 일어나서 밤까지 방에 틀어박혀 공부만 하는 것은 정신적으로도 체력적으로도 부담이 크다. '1시간만 공부하면 쉴 수 있다', '1시간만 지나면 밥을 먹을 시간이다' 같은 닻이 있기에 그 사이에는 집중력을 유지할 수 있는 것이다.

패턴화하여 머리를 비워라

—

내 경험에 비추어 보면 패턴에 맞춰 생활하는 편이 머리가 잘 돌아간다. 패턴이란, 바꿔 말하면 판에 박힌 작업이기 때문에 이것저것 순서를 생각할 필요가 없다. 그래서 머리를 사용하는 방식에 여유가 생긴다.

나는 일 중에서 많은 양의 복사를 하는 작업을 비교적 좋아한다. 잠시 머리를 비울 수 있기 때문이다. 복사라는 작업은 기본적으로 복사기가 해주는 것이기 때문에 내 머릿속은 자유로운 발상을 할 수 있을 만큼의 여유를 누릴 수 있다.

그런 때면 '그 일은 이렇게 하면 더 빨리 할 수 있겠어'라거나 '지금 쓰고 있는 보고서는 그 자료를 더하면 설득력이 더 높아지겠는데?' 같은 식으로 새로운 아이디어를 얻곤 한다. 다들 이와 비슷한 경험을 해본 적이 있으리라 생각한다.

패턴에 따라 작업을 해서 머릿속이 여유로워지면
두뇌가 자유롭게 날갯짓을 할 기회가 생긴다.

그런 정해진 패턴 없이 '다음에 무엇을 해야 하지?' 라는 생각을 하느라 늘 분주하게 지내야 한다면 자연히 머릿속에는 여유가 사라진다. 두뇌에 불필요한 부담이 가중되어 어느샌가 자유로운 발상을 낳을 귀중한 기회를 잃고 만다.

그런 의미에서도 매일의 생활에 패턴을 도입하는 것이 두뇌를 헛되이 쓰지 않는 효과적인 방법일 것이다.

19시간 30분씩 공부했던 극한의 패턴

—

매일의 생활에 패턴을 도입하는 예로, 내가 사법 고시 구술시험을 향해 한계까지 집중해서 공부했던 2주간이 어떠했는지를 소개한다. 극단적인 예이기는 하지만 참고하기 바란다.

다음이 하루 19시간 30분씩 공부한 2주 동안의 패턴이다. 공부 이외의 4시간 30분은 수면 3시간, 세끼 식사 각 20분, 목욕 20분

⬇ 하루 19시간 30분 공부했던 2주간의 일정

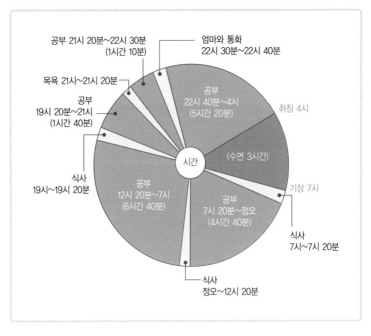

그리고 10분은 삿포로의 엄마와 통화하며 '기운을 차리는 시간'
이었다. 엄밀히는 화장실에 가는 시간이나 옷을 갈아입는 시간도
있지만 그것은 무척 짧으므로 생략한다. 어쨌든 생활하는 데 필요
한 최소한의 시간 이외에는 모두 공부에 투자하는 생활을 2주 동
안 계속했다.

다시 말하지만 이것은 극단적인 예다. 그렇지만 '하려고 마음
만 먹으면 이 정도까지 할 수 있다'는 사실을 깨달았다는 점에서
내게는 무척 귀중한 경험이었다.

도쿄대 입시 준비 이전의 패턴

—

더욱 거슬러 올라가서 고등학교 시절의 패턴도 소개하겠다. 다음
페이지에 있는 것이 고등학교 3학년 5월에 도쿄대 입시공부를 시
작하기 전까지 평일의 패턴이다.

비교적 전형적인 고등학생답게 시간을 보낸 것 같다. 집에서 학
교까지 조금 멀었기에 통학하는 데 편도 1시간이 걸렸고 방과 후
에는 3시간 동안 축구부 매니저로서 동아리 활동을 했다.

밤 8시부터 12시까지의 자유시간 4시간은 말 그대로 자유롭게
보냈다. 엄마와 통화를 하거나 책을 읽기도 하고, 시험 기간이 아

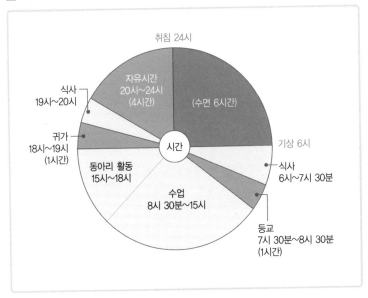

니면 거의 공부를 하지 않았다. 숙제가 있어도 고작 1시간이면 끝나는 정도였다. 숙제가 있을 때는 자유시간에 했다. 자유시간이 완충재 역할을 한 셈이다.

시험 기간에는 이 자유시간 4시간과 지하철로 통학하는 왕복 2시간, 총 6시간 정도를 공부하는 데 썼다. 자유시간과 통학시간이 유동적인 역할을 해서 시험 기간인지 아닌지에 따라 그 시간을 어디에 쓸지 구별한 것이다.

도쿄대 입시 준비에 돌입한 고3 때 패턴

—

고등학교 3학년 5월부터 도쿄대 입시공부를 본격적으로 시작했다. 커다란 변화는 동아리 활동이 사라졌다는 것이다.

동아리 활동 3시간을 공부에 투자했다. 또, 자유시간 4시간 가운데 2시간 30분을 공부로 돌렸다. 통학시간을 제외하고 집에서 공부하는 시간은 오후 4~7시, 9시 30분~12시로 총 5시간 30분이 되었다.

⬇️도쿄대 입시공부 때의 하루 일정

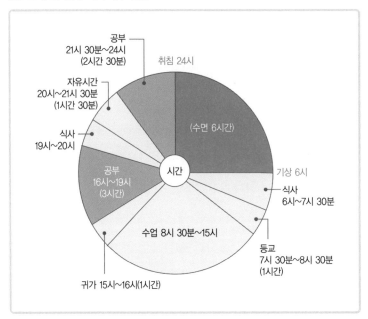

여기서 주목할 것은 기상, 식사, 취침의 리듬은 지금까지와 다르지 않다는 것이다. 이 시간을 바꾸지 않으면 닻을 내린 후 '식사시간까지는 이 부분을 끝내야지', '자기 전까지 조금만 더 힘내자' 라고 집중력을 높일 수 있다. 수면시간은 6시간으로 1~2학년 때와 같다.

하루 14시간 30분씩 공부했던 대입 직전의 패턴

—

도쿄대 입시 직전인 1월이 되자 고3 수업은 끝이 났다. 나는 가장 집중할 수 있는 내 방에서 공부를 하고 싶었기에 학교에 나가지 않기로 했다. 그 시기의 패턴은 다음 페이지와 같다.

나는 야행성이라서 지금까지보다 취침을 1시간 늦추고 그만큼 기상시간을 1시간 늦춰 수면시간은 6시간으로 유지했다. 또 저녁을 7시에 먹으면 그 전에 공부시간이 6시간으로 너무 길어지므로 할머니께 부탁해서 식사를 1시간 앞당겼다.

입시공부를 시작한 3학년 5월에는 집에서 공부하는 시간이 3시간 30분이었다. 그것이 14시간 30분으로 급격히 늘었다. 그리고 그때까지의 수업시간 6시간 30분, 통학 시 왕복 2시간을 더하면 된다. 즉 '수업 6시간 30분＋재택 공부 3시간 30분＋통학 왕복

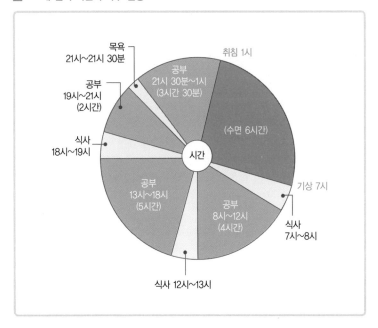

2시간=12시간', 따라서 실질적으로는 2시간 30분이 증가한 셈
이다.

그렇게 생각하면 무리하게 공부시간을 늘린 것이 아니라는 사
실을 알 수 있다. 그때까지 계속해왔듯이 패턴을 미세하게 조정한
정도일 뿐이다.

강의까지 미루며 공부시간을 확보했던 사법 고시 준비 때 패턴

—

계속해서 도쿄대 3학년에 사법 고시 공부를 할 때의 패턴을 소개한다. 할머니 댁에서 도쿄대까지 통학하는 데에는 고등학교 시절과 거의 다름없이 편도로 1시간 정도 걸렸다. 고등학교 시절과 다른 점은 대학은 강의가 끝나는 시간이 요일별로 제각각이었다는 점이다. 이른 날은 오후 3시, 늦는 날은 5시에 끝났기 때문에 여기서는 늦게 끝나는 날을 예로 들겠다.

⬇ 사법 고시 공부 때의 하루 일정

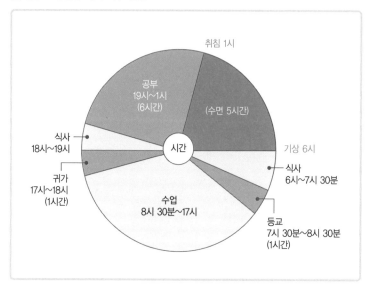

그 사이, 통학시간이 아깝다는 생각이 들어 고등학교 시절과 똑같이 통학에 드는 왕복 2시간을 공부로 돌렸다. 대학에 다니는 만큼 공부할 시간이 부족하다고 느꼈기 때문에 수면시간도 1시간 줄였다. 도쿄대 입시를 준비할 때도 수면에는 6시간을 할애했지만 이때는 5시간으로 단축했다.

더욱이 사법 고시 직전 한 달 동안 최종적인 몰입에 들어가면서 대학 강의는 쉬고 그 시간만큼 사법 고시 공부에 투자했다. 그때는 친구들에게 강의를 녹음해달라고 부탁해서 사법 고시가 끝난 뒤에 공부했다. 철저히 공부시간을 확보하기 위한 최선의 노력을 설정한 것이다.

사회에서
성과를 높이기 위한
공부의 기술

제13장

중국어 자격시험의 실패담

—

나도 시험에서 미끄러진 적이 있다. 사회인이 되어서 중국어 자격시험에 응시했을 때의 일이다. 나는 중국어 자격시험을 얕잡아보고 있었다. '한 달만 집중해서 공부하면 합격할 수 있겠지' 라고 안이하게 생각한 것이다. 그런데 시험 한 달 전부터 업무가 갑자기 무척 바빠지고 말았다.

학생 시절이었다면 사법 고시 구술시험을 치르기 전 2주간처럼 극한까지 공부에 시간을 투자하고, 집중해서 극복할 수도 있었을 것이다. 하지만 사회인이 되면 그럴 수 없다는 사실을 미처 깨닫지 못했다.

업무가 너무 바빠서 공부할 시간을 확보하기가 불가능한 상태가 되었다. 그래서 수면시간을 줄였지만 결국 시험 범위를 끝내지 못했다. 절대로 합격할 수 없다고 생각한 나는 발칙하게도 시험장에도 가지 않은 채 시험을 포기하고 말았다.

사회인이 되면 모든 시간을 자신이 생각한 대로 쓸 수는 없다. 갑자기 일이 생기는 경우도 있으므로 학생 시절보다 여유를 두고 공부를 시작해야 한다. 그렇게 하지 않으면 기한에 맞출 수 없다. 그런 당연한 사실을 몸소 체험하고 나서야 깨달았다.

업무가 끝난 뒤 시간 활용법

—

나는 미국의 로스쿨(법과대학원) 입시도 준비한 적이 있다. 중국어 자격시험에서 실패한 경험을 참고로 여유를 갖고 준비했다. 이때의 패턴은 다음 페이지에 있다.

이 무렵 할머니 댁에서 나와 자취를 시작했기 때문에 통근시간이 30분으로 단축되었다. 일이 끝나는 시각은 날마다 제각각이었지만 시험 전까지는 가능한 한 6시에 업무를 끝내도록 했다.

하지만 그 규칙을 엄격히 지키기는 어려웠다. 도리어 다음 날 아침 5시까지 밤샘 근무를 한 적도 있다. 그래도 다행인 건 그런 불규칙한 일정을 예상하고 어느 정도 여유를 두고 시험공부를 시작했다는 것이다.

기본적으로 6시에 일을 끝내면

그대로 개인 사무실에서 공부를 시작한다.
사무실에서는 10시까지 공부하는 패턴이었다.

　로스쿨의 입시공부는 내 업무와 직결되는 내용이기 때문에 사무실에서 공부하는 것을 허락받았다. 하지만 업무에 직결되지 않는 공부는 엄밀히 말하면 규정 위반이 될 수도 있다. 사무실에서 공부를 하게 될 경우, 상사에게 미리 상담하는 것이 좋다.

⬇ 업무와 공부를 병행하던 때의 하루 일정

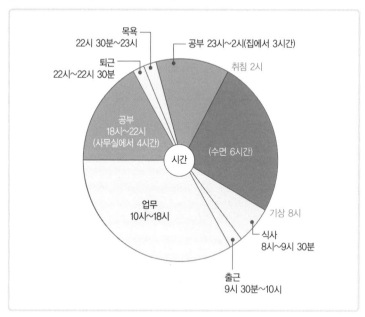

회사에서 공부하는 것을 허가받지 못했다면 밤늦게까지 여는 도서관을 이용하거나 다소 비용은 들지만 임대 사무실을 이용하는 것도 방법이다.

사회인의 공부는 길어야 7시간

—

6시에 일이 끝나더라도 사무실에서 공부하는 걸 원칙으로 삼았다. 집에 돌아와 내 방에서 공부를 하지 않은 데는 이유가 있었다. 나는 야행성이라서 밤늦은 시간대에도 공부를 한다. 저녁 6시부터 공부를 시작해서 새벽 2시까지. 이 사이클대로는 밤 10시를 넘기면 아무래도 지치는 것이 몸으로 느껴진다.

그래서 10시에 일단 공부를 끝내고 장소를 바꿔 목욕을 해서 기분을 전환한다. 이것도 '닻 내리기'의 일종이다.

이는 학생 시절에는 필요치 않았던 단계다. 업무와 공부를 양립하려면 아무래도 학생 시절보다 지치기 마련이다. 일을 하면서 하루에 7시간이나 공부를 하고 있으니 지치는 것도 당연하지 않겠는가.

사회인의 공부는 하루 최고 7시간을 기준으로

3시간 30분씩 두 번으로 나눠
그 사이에 식사나 휴식 등으로 전환을 꾀하면
효율이 높아진다.

나와 달리 아침에 강한 사람이라면 아침 일찍 일어나서 공부하고, 하루 업무가 끝난 뒤에 다시 한 번 공부하는 패턴도 괜찮을 것이다.

어쨌든 사회인이라면 매일 완전히 똑같은 패턴을 구사할 수는 없다. 또 일이 바쁘거나 가족과 보내는 시간을 우선시한다면 공부 시간을 충분히 확보하지 못할 수도 있다. 그만큼 공부를 일찍 시작하는 등 개개인의 사정에 맞춰 방법을 모색해야 한다.

공부는 질과 양 모두 중요하다. 질은 7번 읽기 공부법으로 높인 다고 해도 양은 '기간×하루당 시간'으로 정확히 예측해야 한다. 나는 기본적으로 단기간에 집중해서 공부하는 것을 선호한다. 하지만 어떻게 해도 시간을 확보하기 어려울 때는 기간을 늘리는 수밖에 없다.

잠은 충분히 효과적으로 자라

나는 잠을 쉽게 이루지 못한다. 침대에 누워도 좀처럼 잠들지 못해 한참을 뒤척이는 게 버릇이다. 유치원 때는 낮잠시간에 거의 한숨도 못 잤을 정도다. 타고나길 쉽게 잠들지 못하는 성격이라고 해도 될 것 같다.

그런 만큼 양질의 수면을 확보하고 싶다는 생각은 어렸을 때부터 늘 있었다. 중학교 시절, 수면에 대한 새로운 정보를 접했다. 수면에는 '렘수면'과 '논렘수면'이 있고, 이 두 가지는 90분 주기로 번갈아 오기 때문에 90분이 끝날 무렵 일어나면 상쾌하게 눈 뜰 수 있다는 사실이었다.

그 이후로 나는 의식적으로 수면시간을 90분의 배수로 정하고 있다. 6시간 수면을 기본으로 삼은 것은 그런 이유에서다. 이 수면시간을 줄이는 경우는 궁지에 몰린 시험 직전처럼 단기간에 국한된다.

하지만 재무성에 근무하던 시절에도, 변호사로 일하는 현재도 업무 마감을 맞추기 위해 밤새워 일해야만 할 때가 있다. 그런 때는 아침에 돌아와 잠을 자는데, 어떤 수를 써도 피로가 풀리지 않는다. 집중력도 뚝 떨어진다.

공부는 질과 양 모두 중요하지만 수면도 마찬가지다.
즉 수면시간 확보도 중요하지만
잠드는 시간대도 수면의 질에 영향을 미친다.
빠르게 효과적으로 잠드는 타이밍을 찾아야 한다.

좀처럼 잠들지 못할 때는 눈을 감고 누워 있기만 해도 피로가 꽤 풀린다. 그 점을 알고 난 뒤로는 잠에 대한 부담이 상당히 덜어 졌다.

그래도 쉽게 잠들기 위해서 노력을 게을리하지 않는다. 나는 경험을 통해 일단 몸을 따뜻하게 했다가 몸이 식을 때 잠이 온다는 사실을 알았다. 그래서 욕조에 들어가는 타이밍에 신경을 쓰고 있다. 시험공부 기간을 제외하고 욕조에 들어가는 것은 잠들기 한두 시간 전이다. 그러면 적당히 따뜻해진 몸이 조금씩 식어가면서 잠에 빠질 수 있다.

일을 하고 돌아온 시점에는 몸이 경직되어 있다. 몸을 따뜻하게 해서 긴장을 푸는 타이밍에 신경을 써야 한다.

공부 리듬으로 마음을 안정시켜라

중학교 시절부터 현재에 이르기까지 6시간 수면이라는 기본을 고수해왔는데, 이는 수면이 기운을 되찾는 데 빼놓을 수 없는 요소이기 때문이다. 되도록 수면시간을 줄이지 않고 빠르고 깊게 잠들기 위해서 지금까지도 시행착오를 거듭하고 있다.

이 책에서 이야기한 공부법에서 중요한 것은,
그것을 뒷받침하는 수면 패턴이다.
취침 시각과 기상 시각이야말로
매일 가장 중요한 닻이며
이를 기준으로 공부 리듬을 찾아야 한다.

나의 경우 하루 24시간 가운데 수면 6시간을 뺀 18시간을 매일 어떻게 할당할 것인가가 중요한데, 식사를 기준으로 하면 쉽다. 남은 18시간에서 하루 세끼 식사라는 닻을 내리면 하루의 패턴이 저절로 고정된다. 공부에도 일에도 리듬이 중요하다. 되도록 패턴을 정해두어야 하고, 특히 7번 읽기 공부법에서는 같은 내용을 꾸준히 반복해서 실천하는 것이 중요하다.

어느 날 느닷없이 '매일 7시간씩 공부해야지'라고 굳게 결심한다 해서 그렇게 할 수 있는 게 아니다. 아마도 그렇게 갑작스럽게 한 결심은 오래가지 못할 것이다. 이때는 발상을 전환해야 한다.

7시간씩 공부를 하는 것이 아니라 '여유 시간을 공부에 투자한다'고 생각해보자. 그래서 하루에 7시간 공부를 할 수 있다면, 무척 대견스러운 일이다. 그렇게 수면과 식사시간을 닻으로 삼고 남는 시간을 배치하는 것이다. 그것이 바로 성공의 비결이다.

오늘의 목표는 어제의 나를 이기는 것

프롤로그에서 이야기했듯 나는 천재가 아니다.

'도쿄대 수석이자 전직 재무성 국가공무원 출신 변호사'라는 스펙만을 놓고 보면 확실히 화려한 경력이라고 여길지도 모른다. 하지만 나는 IQ가 월등히 높지도 않은, 지극히 평범한 두뇌의 소유자다. 그 사실을 잘 알기 때문에 남들보다 더 노력해서 경력을 쌓아왔을 따름이다.

이 책을 고른 여러분은 입시를 앞둔 학생이나 부모님, 자격시험을 앞둔 사람 또는 업무에서 성과를 내고 싶은 직장인 등으로 다양하리라 생각한다.

매일 하는 공부나 업무는 작은 '점'에 비유할 수 있다. 그 작은 점을 계속 찍어가는 것이 노력이다. 그러는 사이에 언젠가 작은 점들이 '선'이 된다. 그 선이 닿는 곳에 존재하는 목표를 잃지 않도록 꾸준히 노력해야 한다.

어렸을 때 내게는 가슴을 뛰게 하는 '꿈'이 있었다. 그것은 국가공무원이 되겠다는 것이었다. 그 꿈은 말하자면 목표다. 도쿄대에 입학해서 국가공무원 제1종 시험에 합격하는 것은 목표를 이루기 위한 수단이었다.

어디까지나 목표는 꿈을 실현하는 것이었다. 내게는 국가공무원이 된다는 가슴 벅찬 상상이 도쿄대 입시와 국가공무원 제1종 시험이라는 높은 장애물을 뛰어넘는 데 원동력이 되었다고 생각한다.

나는 도쿄대 입시 때도 사법 고시와 국가공무원 제1종 시험을 준비할 때도 줄곧 나의 성장곡선을 떠올렸다. 가로축을 시간, 세로축을 실력(모의고사의 표준점수 등)으로 삼고 내가 어떻게 성장하고 있는가를 항상 의식했다.

그 덕에 '오늘은 꽤 많이 공부했다'라는 단순한 자기만족이나 목적을 잃은, 소위 '공부를 위한 공부'로 그치는 일이 없었다. '오늘은 어제의 나를 이긴다!'는 각오로 내가 항상 성장하고 있는가를 중시했다.

꿈의 실현이라는 정상을 향해 나의 두 다리로 한 걸음 한 걸음 착실히 오르는 듯한 기분이다. 그것은 내가 정상이라는 목표를 바라보고 있기에 가능한 일이다. 꿈이 있고, 그 꿈을 실현하기 위한 목적이 있고, 꿈을 향한 올곧은 길을 믿었기에 앞으로 나아가려는 노력을 계속할 수 있었다.

내게 공부의 원동력은 꿈을 향해 확실히 나아가고 있는 나 자신을 자각하는 것이었다. 가치를 자각하지 못하는 노력은 점들을 이어 선을 만들 수 없기에 꿈에 다다르지 못한다. 꿈이나 목적을 잃으면 공부 또한 의미를 잃는다.

공부란 꿈을 실현하기 위한 수단일 뿐이다. 그렇게 생각하지 않았다면, 나 역시 그 어려운 시험들을 극복하지 못했을 것이다.

당신이 이 책을 읽고, 꿈을 실현하기 위해서 '7번 읽기 공부법'을 실천하고 활용하게 된다면 저자로서 더할 나위 없는 기쁨이겠다.

야마구치 마유

7번 읽기 공부 실천법

제1판 1쇄 발행 | 2015년 8월 25일
제1판 10쇄 발행 | 2023년 12월 26일

지은이 | 야마구치 마유
옮긴이 | 이아랑
펴낸이 | 김수언
펴낸곳 | 한국경제신문 한경BP
편집 | 이혜영
저작권 | 백상아
홍보 | 서은실 · 이여진 · 박도현
마케팅 | 김규형 · 정우연
디자인 | 권석중
본문디자인 | 디자인 현

주소 | 서울특별시 중구 청파로 463
기획출판팀 | 02-3604-590, 584
영업마케팅팀 | 02-3604-595, 583   FAX | 02-3604-599
H | http://bp.hankyung.com   E | bp@hankyung.com
F | www.facebook.com/hankyungbp
등록 | 제 2-315(1967. 5. 15)

ISBN 978-89-475-4033-9   03320